《中国农村扶贫开发纲要(2011—2020年)》干部辅导读本

国务院扶贫开发领导小组办公室　组织编写

范小建　主编

中国财政经济出版社

图书在版编目（CIP）数据

中国农村扶贫开发纲要（2011—2020年）干部辅导读本／范小建主编；国务院扶贫开发领导小组办公室组织编写．—北京：中国财政经济出版社，2012.2

ISBN 978-7-5095-3403-8

Ⅰ.①中… Ⅱ.①范…②国… Ⅲ.①扶贫-全国农业发展纲要-中国-2011~2020-学习参考资料 Ⅳ.①F323.8

中国版本图书馆 CIP 数据核字（2012）第 015151 号

责任编辑：孙 琛　　　　　责任校对：徐艳丽
封面设计：汪俊宇　　　　　版式设计：录文通

中国财政经济出版社出版

URL：http://www.cfeph.cn
E-mail：cfeph@cfeph.cn
（版权所有　翻印必究）
社址：北京市海淀区阜成路甲28号　邮政编码：100142
营销中心电话：88190406　北京财经书店电话：64033436　84041336
北京富生印刷厂印刷　各地新华书店经销
787×1092毫米　16 开　18.75 印张　198 000 字
2012 年 3 月第 1 版　2012 年 10 月北京第 2 次印刷
定价：35.00 元
ISBN 978-7-5095-3403-8/F·2880
（图书出现印装问题，本社负责调换）
本社质量投诉电话：010-88190744

编委会

主　任　范小建

副主任　王国良　郑文凯

编　委　（按姓氏笔画）

　　　　　王国良　王新怀　叶兴庆　冯　强　司树杰
　　　　　刘北桦　李春光　范小建　郑文凯　苏国霞
　　　　　洪天云　海　波　夏更生　黄承伟　蒋晓华
　　　　　褚利明

参加编写人员（按姓氏笔画）

　　　　　丁国文　马贱阳　王光才　王建军　王春燕
　　　　　王晋臣　白晓华　吕　焱　刘　玫　刘　彬
　　　　　刘少峰　江如贵　关　冰　孙　杨　孙广宣
　　　　　杨　炼　杨　椠　李　博　吴　敏　吴文智
　　　　　吴树林　何珊珊　余　平　张　良　张　峰
　　　　　张洪波　张婉婷　张慧东　武永东　罗　义
　　　　　罗　旭　柯小华　姜大峪　徐荟竹　黄承伟
　　　　　曹洪民　阎　岩

统　稿　苏国霞　黄承伟

编写说明

2011年5月，在如期实现《中国农村扶贫开发纲要(2001—2010年)》目标任务以后，中共中央、国务院颁布实施了《中国农村扶贫开发纲要（2011—2020年)》。这标志着我国扶贫开发从以解决温饱为主要任务的阶段转入巩固温饱成果、加快脱贫致富、改善生态环境、提高发展能力、缩小发展差距的新阶段。为了帮助广大干部群众认真学习、准确领会、深入贯彻落实文件精神，并为贫困地区和扶贫系统干部培训提供教材，我们组织编写了这个读本。

由于时间和水平有限，疏漏和不妥之处在所难免，敬请读者批评指正。

编写组
2011年12月

目 录

《中国农村扶贫开发纲要（2011—2020年）》……………（ 1 ）
一、扶贫事业取得巨大成就………………………………（ 19 ）
二、扶贫开发是一项长期历史任务………………………（ 28 ）
三、深入推进扶贫开发的重大意义………………………（ 33 ）
四、新阶段扶贫开发的指导思想…………………………（ 37 ）
五、坚持开发式扶贫方针…………………………………（ 38 ）
六、扶贫开发的基本原则…………………………………（ 46 ）
七、新阶段扶贫开发的总体目标…………………………（ 53 ）
八、新阶段扶贫开发的主要任务…………………………（ 61 ）
九、扶贫标准和工作对象…………………………………（ 67 ）
十、集中连片特殊困难地区是扶贫攻坚的主战场………（ 71 ）
十一、继续做好重点县和贫困村扶贫工作………………（ 77 ）
十二、构建三位一体大扶贫格局…………………………（ 80 ）
十三、稳步推进易地扶贫搬迁……………………………（ 81 ）
十四、继续扎实开展贫困村整村推进……………………（ 88 ）
十五、大力实施以工代赈工程……………………………（ 94 ）
十六、加快推进产业扶贫…………………………………（101）
十七、扎实抓好就业促进…………………………………（107）
十八、继续推进扶贫试点…………………………………（113）
十九、加强革命老区扶贫开发……………………………（118）

二十、明确部门行业扶贫职责……………………………（124）
二十一、继续开展科技扶贫………………………………（134）
二十二、完善基础设施建设………………………………（141）
二十三、发展教育文化事业………………………………（147）
二十四、改善公共卫生和人口服务管理…………………（158）
二十五、完善农村社会保障制度…………………………（164）
二十六、农村最低生活保障与扶贫开发两项制度衔接…（169）
二十七、重视能源和生态环境建设………………………（177）
二十八、加强定点扶贫……………………………………（184）
二十九、推进东西扶贫协作………………………………（193）
三十、发挥军队和武警部队的作用………………………（200）
三十一、动员企业和社会各界参与扶贫…………………（212）
三十二、积极开展减贫领域的国际交流与合作…………（222）
三十三、完善贫困地区金融服务…………………………（228）
三十四、实施贫困地区人才保障政策……………………（237）
三十五、加大民族地区扶贫工作力度……………………（247）
三十六、完善扶贫工作考核激励机制……………………（256）
三十七、加强扶贫机构队伍建设…………………………（262）
三十八、大力加强扶贫干部培训…………………………（267）
三十九、加强财政专项扶贫资金使用管理………………（275）
四十、加强扶贫统计与贫困监测…………………………（282）
四十一、加强扶贫法制化建设……………………………（288）

中国农村扶贫开发纲要
（2011—2020 年）

为进一步加快贫困地区发展，促进共同富裕，实现到 2020 年全面建成小康社会奋斗目标，特制定本纲要。

序言

（一）扶贫事业取得巨大成就。消除贫困、实现共同富裕，是社会主义制度的本质要求。改革开放以来，我国大力推进扶贫开发，特别是随着《国家八七扶贫攻坚计划（1994—2000 年）》和《中国农村扶贫开发纲要（2001—2010 年）》的实施，扶贫事业取得了巨大成就。农村贫困人口大幅减少，收入水平稳步提高，贫困地区基础设施明显改善，社会事业不断进步，最低生活保障制度全面建立，农村居民生存和温饱问题基本解决，探索出一条中国特色扶贫开发道路，为促进我国经济发展、政治稳定、民族团结、边疆巩固、社会和谐发挥了重要作用，为推动全球减贫事业发展作出了重大贡献。

（二）扶贫开发是长期历史任务。我国仍处于并将长期处于社会主义初级阶段。经济社会发展总体水平不高，区域发展不平衡问题突出，制约贫困地区发展的深层次矛盾依然存在。扶贫对象规模大，相对贫困问题凸显，返贫现象时有发生，贫困地区特别是集中连片特殊困难地区（以下简称连片特困地区）发展相对滞后，扶贫开发任务仍十分艰巨。同时，我国工业化、信息化、城镇化、市场化、国际化不断深入，经济发展方式加快转变，国民经济保持平稳较快发展，综合国力明显增强，社会保障体系逐步健全，为扶贫开发创造了有利环境和条件。我国扶贫开发已经从以解决温饱为主要任务的阶段转入巩固温饱成果、加快脱贫致富、改善生态环境、提高发展能力、缩小发展差距的新阶段。

（三）深入推进扶贫开发意义重大。扶贫开发事关巩固党的执政基础，事关国家长治久安，事关社会主义现代化大局。深入推进扶贫开发，是建设中国特色社会主义的重要任务，是深入贯彻落实科学发展观的必然要求，是坚持以人为本、执政为民的重要体现，是统筹城乡区域发展、保障和改善民生、缩小发展差距、促进全体人民共享改革发展成果的重大举措，是全面建设小康社会、构建社会主义和谐社会的迫切需要。必须以更大的决心、更强的力度、更有效的举措，打好新一轮扶贫开发攻坚战，确保全国人民共同实现全面小康。

一、总体要求

（四）指导思想。高举中国特色社会主义伟大旗帜，以邓小平理论和"三个代表"重要思想为指导，深入贯彻落实科学发展观，提高扶贫标准，加大投入力度，把连片特困地区作为主战场，把稳定解决扶贫对象温饱、尽快实现脱贫致富作为首要任务，坚持政府主导，坚持统筹发展，更加注重转变经济发展方式，更加注重增强扶贫对象自我发展能力，更加注重基本公共服务均等化，更加注重解决制约发展的突出问题，努力推动贫困地区经济社会更好更快发展。

（五）工作方针。坚持开发式扶贫方针，实行扶贫开发和农村最低生活保障制度有效衔接。把扶贫开发作为脱贫致富的主要途径，鼓励和帮助有劳动能力的扶贫对象通过自身努力摆脱贫困；把社会保障作为解决温饱问题的基本手段，逐步完善社会保障体系。

（六）基本原则

——政府主导，分级负责。各级政府对本行政区域内扶贫开发工作负总责，把扶贫开发纳入经济社会发展战略及总体规划。实行扶贫开发目标责任制和考核评价制度。

——突出重点，分类指导。中央重点支持连片特困地区。加大对革命老区、民族地区、边疆地区扶持力度。根据不同地区经济社会发展水平，因地制宜制定扶贫政策，实行有差异的扶持措施。

——部门协作，合力推进。各相关部门要根据国家扶贫开发战略部署，结合各自职能，在制定政策、编制规划、分配资金、安排项目时向贫困地区倾斜，形成扶贫开发合力。

——自力更生，艰苦奋斗。加强引导，更新观念，充分发挥贫困地区、扶贫对象的主动性和创造性，尊重扶贫对象的主体地位，提高其自我管理水平和发展能力，立足自身实现脱贫致富。

——社会帮扶，共同致富。广泛动员社会各界参与扶贫开发，完善机制，拓展领域，注重实效，提高水平。强化政策措施，鼓励先富帮后富，实现共同富裕。

——统筹兼顾，科学发展。坚持扶贫开发与推进城镇化、建设社会主义新农村相结合，与生态建设、环境保护相结合，充分发挥贫困地区资源优势，发展环境友好型产业，增强防灾减灾能力，提倡健康科学生活方式，促进经济社会发展与人口资源环境相协调。

——改革创新，扩大开放。适应社会主义市场经济要求，创新扶贫工作机制。扩大对内对外开放，共享减贫经验和资源。继续办好扶贫改革试验区，积极探索开放式扶贫新途径。

二、目标任务

（七）总体目标。到2020年，稳定实现扶贫对象不愁吃、不愁穿，保障其义务教育、基本医疗和住房。贫困地区农民人均纯收入增长幅度高于全国平均水平，基本公共服务主要领域指标接近全国平均水平，扭转发展差距扩大趋势。

（八）主要任务。

——基本农田和农田水利。到2015年，贫困地区基本农田和农田水利设施有较大改善，保障人均基本口粮田。到2020年，农田基础设施建设水平明显提高。

——特色优势产业。到2015年，力争实现1户1项增收项目。到2020年，初步构建特色支柱产业体系。

——饮水安全。到2015年，贫困地区农村饮水安全问题基本得到解决。到2020年，农村饮水安全保障程度和自来水普及率进一步提高。

——生产生活用电。到2015年，全面解决贫困地区无电行政村用电问题，大幅度减少西部偏远地区和民族地区无电人口数量。到2020年，全面解决无电人口用电问题。

——交通。到2015年，提高贫困地区县城通二级及以上高等级公路比例，除西藏外，西部地区80%的建制村通沥青（水泥）路，稳步提高贫困地区农村客运班车通达率。到2020年，实现具备条件的建制村通沥青（水泥）路，推进村庄内道路硬化，实现村村通班车，全面提高农村公路服务水平和防灾抗灾能力。

——农村危房改造。到2015年，完成农村困难家庭危房改造800万户。到2020年，贫困地区群众的居住条件得到显著改善。

——教育。到2015年，贫困地区学前三年教育毛入园率有较大提高；巩固提高九年义务教育水平；高中阶段教育毛入学率达到80%；保持普通高中和中等职业学校招生规模大体相当；提高农村实用技术和劳动力转移培训水平；扫除青壮年文盲。到2020年，基本普及学前教育，义务教育水平进一步提高，普及高中阶段教育，加快发展远程继续教育和社区教育。

——医疗卫生。到2015年，贫困地区县、乡、村三级医疗卫生服务网基本健全，县级医院的能力和水平明显提高，每个乡镇有1所政府举办的卫生院，每个行政村有卫生室；新型农村合作医疗参合率稳定在90%以上，门诊统筹全覆盖基本实现；逐步提高儿童重大疾病的保障水平，重大传染病和地方病得到有效控制；每个乡镇卫生院有1名全科医生。到2020年，贫困地区群众获得公共卫生和基本医疗服务更加均等。

——公共文化。到2015年，基本建立广播影视公共服务体系，实现已通电20户以下自然村广播电视全覆盖，基本实现广播电视户户通，力争实现每个县拥有1家数字电影院，每个行政村每月放映1场数字电影；行政村基本通宽带，自然村和交通沿线通信信号基本覆盖。到2020年，健全完善广播影视公共服务体系，全面实现广播电视户户通；自然村基本实现通宽带；健全农村公共文化服务体系，基本实现每个国家扶贫开发工作重点县（以下简称重点县）有图书馆、文化馆，乡镇有综合文化站，行政村有文化活动室。以公共文化建设促进农村廉政文化建设。

——社会保障。到2015年，农村最低生活保障制度、五保供养制度和临时救助制度进一步完善，实现新型农村社会养老保险制度全覆盖。到2020年，农村社会保障和服务水平进一步提升。

——人口和计划生育。到2015年，力争重点县人口自然增长率控制在8‰以内，妇女总和生育率在1.8左右。到2020年，重点县低生育水平持续稳定，逐步实现人口均衡发展。

——林业和生态。到2015年，贫困地区森林覆盖率比2010年底增加1.5个百分点。到2020年，森林覆盖率比2010年底增加3.5个百分点。

三、对象范围

（九）扶贫对象。在扶贫标准以下具备劳动能力的农村人口为扶贫工作主要对象。建立健全扶贫对象识别机制，做好建档立卡工作，实行动态管理，确保扶贫对象得到有效扶持。逐步提高国家扶贫标准。各省（自治区、直辖市）可根据当地实际制定高于国家扶贫标准的地区扶贫标准。

（十）连片特困地区。六盘山区、秦巴山区、武陵山区、乌蒙山区、滇桂黔石漠化区、滇西边境山区、大兴安岭南麓山区、燕山—太行山区、吕梁山区、大别山区、罗霄山区等区域的连片特困地区和已明确实施特殊政策的西藏、四省藏区、新疆南疆三地州是扶贫攻坚主战场。加大投入和支持力度，加强对跨省片区规划的指导和协调，集中力量，分批实施。各省（自治区、直辖市）对所属连片特困地区负总责，在国家指导下，以县为基础制定和实施扶贫攻坚工程规划。国务院各部门、地方各级政府要加大统筹协调力度，集中实施一批教育、卫生、文化、就业、社会保障等民生工程，大力改善生产生活条件，培育壮大一批特色优势产业，加快区域性重要基础设施建设步伐，加强生态建设和环境保护，着力解决制约发展的瓶颈问题，促进基本公共服务均等化，从根本上改变连片特困地区面貌。各省（自治区、直辖市）可自行确定若干连片特困地区，统筹资源给予重点扶持。

（十一）重点县和贫困村。要做好连片特困地区以外重点县和贫困村的扶贫工作。原定重点县支持政策不变。各省（自治区、直辖市）要制定办法，采取措施，根据实际情况进行调整，实现重点县数量逐步减少。重点县减少的省份，国家的支持力度不减。

四、专项扶贫

（十二）易地扶贫搬迁。坚持自愿原则，对生存条件恶劣地区扶贫对象实行易地扶贫搬迁。引导其他移民搬迁项目优先在符合条件的贫困地区实施，加强与易地扶贫搬迁项目的衔接，共同促进改善贫困群众的生产生活环境。充分考虑资源条件，因地制宜，有序搬迁，改善生存与发展条件，着力培育和发展后续产业。有条件的地方引导向中小城镇、工业园区移民，创造就业机会，提高就业能力。加强统筹协调，切实解决搬迁群众在生产生活等方面的困难和问题，确保搬得出、稳得住、能发展、可致富。

（十三）整村推进。结合社会主义新农村建设，自下而上制定整村推进规划，分期分批实施。发展特色支柱产业，改善生产生活条件，增加集体经济收入，提高自我发展能力。以县为平台，统筹各类涉农资金和社会帮扶资源，集中投入，实施水、电、路、气、房和环境改善"六到农家"工程，建设公益设施较为完善的农村社区。加强整村推进后续管理，健全新型社区管理和服务体制，巩固提高扶贫开发成果。贫困村相对集中的地方，可实行整乡推进、连片开发。

（十四）以工代赈。大力实施以工代赈，有效改善贫困地区耕地（草场）质量，稳步增加有效灌溉面积。加强乡村（组）道路和人畜饮水工程建设，开展水土保持、小流域治理和片区综合开发，增强抵御自然灾害能力，夯实发展基础。

（十五）产业扶贫。充分发挥贫困地区生态环境和自然资源优势,推广先进实用技术,培植壮大特色支柱产业,大力推进旅游扶贫。促进产业结构调整,通过扶贫龙头企业、农民专业合作社和互助资金组织,带动和帮助贫困农户发展生产。引导和支持企业到贫困地区投资兴业,带动贫困农户增收。

(十六)就业促进。完善雨露计划。以促进扶贫对象稳定就业为核心,对农村贫困家庭未继续升学的应届初、高中毕业生参加劳动预备制培训,给予一定的生活费补贴;对农村贫困家庭新成长劳动力接受中等职业教育给予生活费、交通费等特殊补贴。对农村贫困劳动力开展实用技术培训。加大对农村贫困残疾人就业的扶持力度。

(十七)扶贫试点。创新扶贫开发机制,针对特殊情况和问题,积极开展边境地区扶贫、地方病防治与扶贫开发结合、灾后恢复重建以及其他特困区域和群体扶贫试点,扩大互助资金、连片开发、彩票公益金扶贫、科技扶贫等试点。

(十八)革命老区建设。国家对贫困地区的革命老区县给予重点扶持。

五、行业扶贫

(十九)明确部门职责。各行业部门要把改善贫困地区发展环境和条件作为本行业发展规划的重要内容,在资金、项目等方面向贫困地区倾斜,并完成本行业国家确定的扶贫任务。

(二十)发展特色产业。加强农、林、牧、渔产业指导,发展各类专业合作组织,完善农村社会化服务体系。围绕主导产品、名牌产品、优势产品,大力扶持建设各类批发市场和边贸市场。按照全国主体功能区规划，合理开发当地资源，积极发展新兴产业，承接产业转移，调整产业结构，增强贫困地区发展内生动力。

（二十一）开展科技扶贫。积极推广良种良法。围绕特色产业发展，加大科技攻关和科技成果转化力度，推动产业升级和结构优化。培育一批科技型扶贫龙头企业。建立完善符合贫困地区实际的新型科技服务体系，加快科技扶贫示范村和示范户建设。继续选派科技扶贫团、科技副县（市）长和科技副乡（镇）长、科技特派员到重点县工作。

（二十二）完善基础设施。推进贫困地区土地整治，加快中低产田改造，开展土地平整，提高耕地质量。推进大中型灌区续建配套与节水改造和小型农田水利建设，发展高效节水灌溉，扶持修建小微型水利设施，抓好病险水库（闸）除险加固工程和灌溉排水泵站更新改造，加强中小河流治理、山洪地质灾害防治及水土流失综合治理。积极实施农村饮水安全工程。加大牧区游牧民定居工程实施力度。加快贫困地区通乡、通村道路建设，积极发展农村配送物流。继续推进水电新农村电气化、小水电代燃料工程建设和农村电网改造升级，实现城乡用电同网同价。普及信息服务，优先实施重点县村村通有线电视、电话、互联网工程。加快农村邮政网络建设，推进电信网、广电网、互联网三网融合。

（二十三）发展教育文化事业。推进边远贫困地区适当集中办学，加快寄宿制学校建设，加大对边远贫困地区学前教育的扶持力度，逐步提高农村义务教育家庭经济困难寄宿生生活补助标准。免除中等职业教育学校家庭经济困难学生和涉农专业学生学费，继续落实国家助学金政策。在民族地区全面推广国家通用语言文字。推动农村中小学生营养改善工作。关心特殊教育，加大对各级各类残疾学生扶助力度。继续实施东部地区对口支援中西部地区高等学校计划和招生协作计划。贫困地区劳动力进城务工，输出地和输入地要积极开展就业培训。继续推进广播电视村村通、农村电影放映、文化信息资源共享和农家书屋等重大文化惠民工程建设。加强基层文化队伍建设。

（二十四）改善公共卫生和人口服务管理。提高新型农村合作医疗和医疗救助保障水平。进一步健全贫困地区基层医疗卫生服务体系，改善医疗与康复服务设施条件。加强妇幼保健机构能力建设。加大重大疾病和地方病防控力度。继续实施万名医师支援农村卫生工程，组织城市医务人员在农村开展诊疗服务、临床教学、技术培训等多种形式的帮扶活动，提高县医院和乡镇卫生院的技术水平和服务能力。加强贫困地区人口和计划生育工作，进一步完善农村计划生育家庭奖励扶助制度、"少生快富"工程和计划生育家庭特别扶助制度，加大对计划生育扶贫对象的扶持力度，加强流动人口计划生育服务管理。

（二十五）完善社会保障制度。逐步提高农村最低生活保障和五保供养水平，切实保障没有劳动能力和生活常年困难农村人口的基本生活。健全自然灾害应急救助体系，完善受灾群众生活救助政策。加快新型农村社会养老保险制度覆盖进度，支持贫困地区加强社会保障服务体系建设。加快农村养老机构和服务设施建设，支持贫困地区建立健全养老服务体系，解决广大老年人养老问题。加快贫困地区社区建设。做好村庄规划，扩大农村危房改造试点，帮助贫困户解决基本住房安全问题。

完善农民工就业、社会保障和户籍制度改革等政策。

（二十六）重视能源和生态环境建设。加快贫困地区可再生能源开发利用，因地制宜发展小水电、太阳能、风能、生物质能，推广应用沼气、节能灶、固体成型燃料、秸秆气化集中供气站等生态能源建设项目，带动改水、改厨、改厕、改圈和秸秆综合利用。提高城镇生活污水和垃圾无害化处理率，加大农村环境综合整治力度。加强草原保护和建设，加强自然保护区建设和管理，大力支持退牧还草工程。采取禁牧、休牧、轮牧等措施，恢复天然草原植被和生态功能。加大泥石流、山体滑坡、崩塌等地质灾害防治力度，重点抓好灾害易发区内的监测预警、搬迁避让、工程治理等综合防治措施。

六、社会扶贫

（二十七）加强定点扶贫。中央和国家机关各部门各单位、人民团体、参照公务员法管理的事业单位和国有大型骨干企业、国有控股金融机构、国家重点科研院校、军队和武警部队，要积极参加定点扶贫，承担相应的定点扶贫任务。支持各民主党派中央、全国工商联参与定点扶贫工作。积极鼓励、引导、支持和帮助各类非公有制企业、社会组织承担定点扶贫任务。定点扶贫力争对重点县全覆盖。各定点扶贫单位要制定帮扶规划，积极筹措资金，定期选派优秀中青年干部挂职扶贫。地方各级党政机关和有关单位要切实做好定点扶贫工作，发挥党政领导定点帮扶的示范效应。

（二十八）推进东西部扶贫协作。东西部扶贫协作双方要制定规划,在资金支持、产业发展、干部交流、人员培训以及劳动力转移就业等方面积极配合,发挥贫困地区自然资源和劳动力资源优势,做好对口帮扶工作。国家有关部门组织的行业对口帮扶,应与东西部扶贫协作结对关系相衔接。积极推进东中部地区支援西藏、新疆经济社会发展,继续完善对口帮扶的制度和措施。各省(自治区、直辖市)要根据实际情况,在当地组织开展区域性结对帮扶工作。

(二十九)发挥军队和武警部队的作用。坚持把地方扶贫开发所需与部队所能结合起来。部队应本着就地就近、量力而行、有所作为的原则,充分发挥组织严密、突击力强和人才、科技、装备等优势,积极参与地方扶贫开发,实现军地优势互补。

(三十)动员企业和社会各界参与扶贫。大力倡导企业社会责任,鼓励企业采取多种方式,推进集体经济发展和农民增收。加强规划引导,鼓励社会组织和个人通过多种方式参与扶贫开发。积极倡导扶贫志愿者行动,构建扶贫志愿者服务网络。鼓励工会、共青团、妇联、科协、侨联等群众组织以及海外华人华侨参与扶贫。

七、国际合作

(三十一)开展国际交流合作。通过走出去、引进来等多种方式,创新机制,拓宽渠道,加强国际反贫困领域交流。借鉴国际社会减贫理论和实践,开展减贫项目合作,共享减贫经验,共同促进减贫事业发展。

八、政策保障

（三十二）政策体系。完善有利于贫困地区、扶贫对象的扶贫战略和政策体系。发挥专项扶贫、行业扶贫和社会扶贫的综合效益。实现开发扶贫与社会保障的有机结合。对扶贫工作可能产生较大影响的重大政策和项目，要进行贫困影响评估。

（三十三）财税支持。中央和地方财政逐步增加扶贫开发投入。中央财政扶贫资金的新增部分主要用于连片特困地区。加大中央和省级财政对贫困地区的一般性转移支付力度。加大中央集中彩票公益金支持扶贫开发事业的力度。对贫困地区属于国家鼓励发展的内外资投资项目和中西部地区外商投资优势产业项目，进口国内不能生产的自用设备，以及按照合同随设备进口的技术及配件、备件，在规定范围内免征关税。企业用于扶贫事业的捐赠，符合税法规定条件的，可按规定在所得税税前扣除。

（三十四）投资倾斜。加大贫困地区基础设施建设、生态环境和民生工程等投入力度，加大村级公路建设、农业综合开发、土地整治、小流域与水土流失治理、农村水电建设等支持力度。国家在贫困地区安排的病险水库除险加固、生态建设、农村饮水安全、大中型灌区配套改造等公益性建设项目，取消县以下（含县）以及西部地区连片特困地区配套资金。各级政府都要加大对连片特困地区的投资支持力度。

（三十五）金融服务。继续完善国家扶贫贴息贷款政策。积极推动贫困地区金融产品和服务方式创新，鼓励开展小额信用贷款，努力满足扶贫对象发展生产的资金需求。继续实施残疾人康复扶贫贷款项目。尽快实现贫困地区金融机构空白乡镇的金融服务全覆盖。引导民间借贷规范发展，多方面拓宽贫困地区融资渠道。鼓励和支持贫困地区县域法人金融机构将新增可贷资金70%以上留在当地使用。积极发展农村保险事业，鼓励保险机构在贫困地区建立基层服务网点。完善中央财政农业保险保费补贴政策。针对贫困地区特色主导产业，鼓励地方发展特色农业保险。加强贫困地区农村信用体系建设。

（三十六）产业扶持。落实国家西部大开发各项产业政策。国家大型项目、重点工程和新兴产业要优先向符合条件的贫困地区安排。引导劳动密集型产业向贫困地区转移。加强贫困地区市场建设。支持贫困地区资源合理开发利用，完善特色优势产业支持政策。

（三十七）土地使用。按照国家耕地保护和农村土地利用管理有关制度规定，新增建设用地指标要优先满足贫困地区易地扶贫搬迁建房需求，合理安排小城镇和产业聚集区建设用地。加大土地整治力度，在项目安排上，向有条件的重点县倾斜。在保护生态环境的前提下支持贫困地区合理有序开发利用矿产资源。

（三十八）生态建设。在贫困地区继续实施退耕还林、退牧还草、水土保持、天然林保护、防护林体系建设和石漠化、荒漠化治理等重点生态修复工程。建立生态补偿机制，并重点向贫困地区倾斜。加大重点生态功能区生态补偿力度。重视贫困地区的生物多样性保护。

（三十九）人才保障。组织教育、科技、文化、卫生等行业人员和志愿者到贫困地区服务。制定大专院校、科研院所、医疗机构为贫困地区培养人才的鼓励政策。引导大中专毕业生到贫困地区就业创业。对长期在贫困地区工作的干部要制定鼓励政策，对各类专业技术人员在职务、职称等方面实行倾斜政策，对定点扶贫和东西部扶贫协作挂职干部要关心爱护，妥善安排他们的工作、生活，充分发挥他们的作用。发挥创业人才在扶贫开发中的作用。加大贫困地区干部和农村实用人才的培训力度。

（四十）重点群体。把对少数民族、妇女儿童和残疾人的扶贫开发纳入规划，统一组织，同步实施，同等条件下优先安排，加大支持力度。继续开展兴边富民行动，帮助人口较少民族脱贫致富。推动贫困家庭妇女积极参与全国妇女"双学双比"活动，关注留守妇女和儿童的贫困问题。制定实施农村残疾人扶贫开发纲要（2011—2020年），提高农村残疾人生存和发展能力。

九、组织领导

（四十一）强化扶贫开发责任。坚持中央统筹、省负总责、县抓落实的管理体制，建立片为重点、工作到村、扶贫到户的工作机制，实行党政一把手负总责的扶贫开发工作责任制。各级党委和政府要进一步提高认识，强化扶贫开发领导小组综合协调职能，加强领导，统一部署，加大省县统筹、资源整合力度，扎实推进各项工作。进一步完善对有关党政领导干部、工作部门和重点县的扶贫开发工作考核激励机制，各级组织部门要积极配合。东部地区各省（直辖市）要进一步加大对所属贫困地区和扶贫对象的扶持力度。鼓励和支持有条件的地方探索解决城镇化进程中的贫困问题。

（四十二）加强基层组织建设。充分发挥贫困地区基层党组织的战斗堡垒作用，把扶贫开发与基层组织建设有机结合起来。选好配强村级领导班子，以强村富民为目标，以强基固本为保证，积极探索发展壮大集体经济、增加村级集体积累的有效途径，拓宽群众增收致富渠道。鼓励和选派思想好、作风正、能力强、愿意为群众服务的优秀年轻干部、退伍军人、高校毕业生到贫困村工作，帮助建班子、带队伍、抓发展。带领贫困群众脱贫致富有突出成绩的村干部，可按有关规定和条件优先考录为公务员。

（四十三）加强扶贫机构队伍建设。各级扶贫开发领导小组要加强对扶贫开发工作的指导，研究制定政策措施，协调落实各项工作。各省（自治区、直辖市）扶贫开发领导小组每年要向国务院扶贫开发领导小组报告工作。要进一步强化各级扶贫机构及其职能，加强队伍建设，改善工作条件，提高管理水平。贫困程度深的乡镇要有专门干部负责扶贫开发工作。贫困地区县级领导干部和县以上扶贫部门干部的培训要纳入各级党政干部培训规划。各级扶贫部门要大力加强思想、作风、廉政和效能建设，提高执行能力。

（四十四）加强扶贫资金使用管理。财政扶贫资金主要投向连片特困地区、重点县和贫困村，集中用于培育特色优势产业、提高扶贫对象发展能力和改善扶贫对象基本生产生活条件，逐步增加直接扶持到户资金规模。创新扶贫资金到户扶持机制，采取多种方式，使扶贫对象得到直接有效扶持。使用扶贫资金的基础设施建设项目,要确保扶贫对象优先受益,产业扶贫项目要建立健全带动贫困户脱贫增收的利益联接机制。完善扶贫资金和项目管理办法,开展绩效考评。建立健全协调统一的扶贫资金管理机制。全面推行扶贫资金项目公告公示制,强化审计监督,拓宽监管渠道,坚决查处挤占挪用、截留和贪污扶贫资金的行为。

(四十五)加强扶贫研究和宣传工作。切实加强扶贫理论和政策研究,对扶贫实践进行系统总结,逐步完善中国特色扶贫理论和政策体系。深入实际调查研究,不断提高扶贫开发决策水平和实施能力。把扶贫纳入基本国情教育范畴,作为各级领导干部和公务员教育培训的重要内容、学校教育的参考材料。继续加大扶贫宣传力度,广泛宣传扶贫开发政策、成就、经验和典型事迹,营造全社会参与扶贫的良好氛围。同时,向国际社会展示我国政府保障人民生存权、发展权的努力与成效。

(四十六)加强扶贫统计与贫困监测。建立扶贫开发信息系统,开展对连片特困地区的贫困监测。进一步完善扶贫开发统计与贫困监测制度,不断规范相关信息的采集、整理、反馈和发布工作,更加及时客观反映贫困状况、变化趋势和扶贫开发工作成效,为科学决策提供依据。

(四十七)加强法制化建设。加快扶贫立法,使扶贫工作尽快走上法制化轨道。

(四十八)各省(自治区、直辖市)要根据本纲要,制定具体实施办法。

(四十九)本纲要由国家扶贫开发工作机构负责协调并组织实施。

扶贫事业取得巨大成就

消除贫困、实现共同富裕,是社会主义制度的本质要求。改革开放以来,我国大力推进扶贫开发,特别是随着《国家八七扶贫攻坚计划(1994—2000年)》和《中国农村扶贫开发纲要(2001—2010年)》的实施,扶贫事业取得了巨大成就。农村贫困人口大幅减少,收入水平稳步提高,贫困地区基础设施明显改善,社会事业不断进步,最低社会保障制度全面建立,农村居民生存和温饱问题基本解决,探索出了一条中国特色的扶贫开发道路,为促进我国经济发展、政治稳定、民族团结、边疆巩固、社会和谐发挥了重要作用,为推动全球减贫事业发展做出了重大贡献。

一、扶贫事业走过光辉历程

1949年的中国,是当时世界上最贫穷的国家之一。根据联合国"亚洲及太平洋经济社会委员会"的统计,1949年,中国人均国民收入27美元,不足整个亚洲平均44美元的2/3,不足印度57美元的一半。新中国建立后,在党的领导下,国家实行了土地改革,实现了耕者有其田,进行了社会主义改造,为从根本上消除贫困奠定了制度基础;逐步建立起独立的比较完整的工业体系和国民经济体系,为加快发展提供了必要的物质基础;建立了初级的农村社会保障和教育、卫生体系,人民生活也有了明显改善。但是人民公社时期存在的"一大二公"、平均主义等体制性弊端,挫伤了农民发展生产的积极性,妨碍了农村经济的健康发展。直到1978年,仍有2.5亿农村人口处于未得温饱的贫困状态。1978年,党的十一届三中全会吹响了改革开放的号角,也开始了缓解和消除农村贫困的征程。

改革开放以后,我国经济快速稳定增长,社会事业日新月异,国家实施了有组织、有计划、大规模扶贫开发,不断加大扶贫投入和工作力度,不断完善解决温饱的制度保障,不断激发贫困地区发展的内在活力,不断动员和凝聚社会力量,扶贫开发事业不断向前推进。

1978年到1985年是体制改革推动扶贫阶段。农村建立了以家庭承包经营为基础的双层经营体制,放开农产品价格和市场,乡镇企业快速发展,大大解放和发展了生产力,农村青壮年在乡镇企业或进城务工,增加了收入,贫困问题大面积缓解。到1985年,农民人均纯收入增长了2.6倍,绝对贫困人口从2.5亿减少到1.25亿。

1986年到2007年是专项计划推动阶段。1986年,针对部分地区由于自然、地理、历史等方面原因致使贫困现象严重的情况,党和政府实施了有组织、有计划、大规模的开发式扶贫,明确提出开发式扶贫方针;建立了扶贫开发领导机构;制定了国家贫困标准,确定了国家重点扶持的贫困县;安排专项扶贫资金,制定了有利于贫困地区和贫困人口的优惠政策。1994

年,制定并颁布实施《国家八七扶贫攻坚计划(1994—2000年)》,全党动员,明确提出力争用7年左右的时间,基本解决8000万农村贫困人口的温饱问题。到2000年底,农村绝对贫困人口减少到3209万,扶贫攻坚目标基本实现。2001年,国家又颁布实施《中国农村扶贫开发纲要(2001—2010年)》,在科学发展观指导下,统筹城乡发展,制定了"多予、少取、放活"和"以工促农、以城带乡"的方针,扶贫工作环境发生深刻变化。到2007年底,农村绝对贫困人口减少到1479万。

2007年开始是两轮驱动扶贫阶段。党中央、国务院决定,在全国农村建立最低生活保障制度。2008年10月,党的十七届三中全会通过的《中共中央关于推进农村改革发展若干重大问题的决定》明确提出,"实行新的扶贫标准,对低收入人口全面实施扶贫政策"。新标准提高到人均1196元,扶贫对象覆盖4007万人。扶贫事业进入了开发扶贫和社会救助两轮驱动的新阶段。到2010年底,这个标准下的贫困人口减少到2688万。

世界银行研究报告《从贫困地区到贫困人群:中国扶贫议程的演进》指出,"如果没有中国的扶贫努力,在20世纪的最后20年,发展中国家贫困人口数量不会有所减少"。《中国实施千年发展目标进展情况报告》(2010年版)指出,我国是最早提前实现千年发展目标中减贫目标的发展中国家。

二、扶贫事业结出丰硕成果

30多年来,我国扶贫开发事业全面推进,农村居民生存和温饱问题基本解决,各方面工作取得显著成绩。

(一)农村贫困人口大幅度减少

根据20世纪80年代中期确定的扶贫标准,我国农村贫困人口数量从1978年的2.5亿已稳定减少到2010年的1000万以下。国定贫困县(2001年开始称为国家扶贫开发工作重点县,以下简称重点县)农民人均纯收入从1989年的303.76元增加到2010年的3273元,2001年到2010年间,年均实际递增8.1%,略高于全国农村的平均增长水平。

(二)贫困地区基础设施建设成就突出

改革开放之初,贫困地区50%以上的行政村不通公路,不通电,绝大多数不通电话。到2010年,重点县自然村通公路比例为88.1%,通电比例为98%,通电话比例为92.9%,能接收电视节目的比例为95.6%,农村面貌发生巨大变化。

(三)贫困地区农民生活水平明显提高

新世纪以来,重点县农民人均生活消费支出年均实际增长7.97%,达到2662元。2010年,重点县农户人均住房面积24.9平方米,比2002年扩大了4.8平方米,增长23.9%;重点县农户每百户拥有彩色电视机94.8台,比2003年增长1倍;冰箱、冰柜23.8台,比2002年增长4倍;摩托车45辆,增长2.49倍;固定电话和移动电话128.4部,增长5.1倍;重点县农户使用旱厕和水冲式厕所的比重为88.4%,比2002年提高6.1个百分点。

（四）贫困地区社会事业全面发展

2010年适龄儿童在校率达到97.7%，接近全国平均水平。因贫困而失学的比例从2002年的9%下降到2.3%。2010年青壮年劳动力平均受教育年限已经达到8年，青壮年文盲率为7%，比2002年下降了5.4%。2010年，重点县身体健康的人口占调查人口的93.1%，比2002年上升了1.4个百分点。重点县乡乡有卫生院，绝大多数贫困村有卫生室，新型农村合作医疗普及率达到93.3%。有病能及时就医的比重达到91.4%，比2002年提高了7.6个百分点。

（五）初步建立了全国农村社会保障体系

到2010年底，全国农村最低生活保障制度覆盖人口达到5228.4万，农村五保救济覆盖人口为554.8万，529.5万人次得到农村临时救济，813.8万人次得到医疗救助。保障水平不断提高，覆盖面进一步扩大。

三、扶贫事业创造了宝贵经验

在30多年的探索和创新过程中，我国走出了一条中国特色的扶贫开发道路，创造了宝贵经验。

（一）坚持党的领导，实行政府主导

党中央国务院多次召开中央扶贫工作会议，对扶贫工作进行全面部署。中央到地方都成立了专门的扶贫开发机构。先后

颁布实施《国家八七扶贫攻坚计划》和《中国农村扶贫开发纲要（2001—2010年）》，不断将扶贫开发工作推向新的高度。在制定国民经济和社会发展中长期规划时，始终把农村扶贫开发作为重要内容。根据国情确定和调整国家扶贫标准以及重点扶持区域。建立中央统筹、省负总责、县抓落实的管理体制和片为重点、工作到村、扶贫到户的工作机制，实行党政一把手负总责的扶贫开发工作责任制。不断加大投入力度，1980—2010年，国家投入专项财政扶贫资金2139亿元，还通过财政贴息调动了2000亿元扶贫贷款。地方各级政府的扶贫投入也不断增加。

（二）坚持解放思想，不断改革创新

我国农村扶贫开发是在不断解放思想、创新体制、完善政策、丰富手段、强化措施的过程中向前推进的。1978—1985年，主要通过体制改革推动扶贫。1986—2002年，在逐步建立市场经济体制的过程中，主要通过专项计划推动扶贫。2003年以来，实施统筹城乡发展的战略，逐步形成了集专项扶贫、行业扶贫和社会扶贫于一体的"大扶贫"格局，建立起消除农村贫困的制度和政策框架。

（三）促进经济增长，巩固农业基础

改革开放以来，我国国民经济平稳快速增长，综合国力不断增强，工业化、城镇化快速发展。经济高增长提供了大量就业机会，有2亿多农业劳动力转为非农就业。同时，农业的基础地位不断加强，到2010年，我国主要农产品，包括粮食、蔬菜、肉类、禽蛋、水产品等人均占有量都接近或超过世界平均水平，为解决贫困人口温饱、调整贫困地区经济结构创造了条件，为缓解农村贫困奠定了坚实的物质基础。

（四）动员社会参与，加强国际合作

组织协调272个中央党政机关、民主党派、社会团体和大型国有企业定点帮扶481个重点县。从2001年到2010年，直接投入资金和物资90.9亿元，到重点县挂职干部3559人，为重点县培训各类人员168.4万人次。组织东部6个省、3个直辖市和6个计划单列市对口帮扶西部11个省区市，2001—2010年，东部省市各级政府无偿援助西部44.4亿元，企业投入约2500亿元，技术培训各类人员22.6万人次。组织非公有制经济参与扶贫事业，充分调动非政府组织参与扶贫开发的积极性。与有关多边机构、双边机构和国内外非政府组织合作，联合实施多种形式的扶贫项目，积极开展减贫交流。据不完全统计，2000年以来，我国扶贫领域利用各类外资5.6亿美元。

（五）坚持自力更生，实施开发扶贫

强调发挥基层组织的战斗堡垒作用，发动群众，依靠群众，让贫困人口直接参与扶贫开发项目与资金使用的决策，促进贫困人口素质提升和能力建设，切实提高自我发展能力。坚持开发式扶贫方针，帮助贫困地区开展基础设施建设，实现通路、通电、通邮、通广播电视；通过农田水利基本建设，提高土地生产能力；支持贫困农户发展种植业、养殖业和小型加工业项目。2001年以来，在12万个贫困村实施整村推进；对700余万生活在自然条件极端恶劣地区的贫困人口实施扶贫移民；实施雨露计划培训了400多万贫困家庭劳动力,促进转移就业;在13600个贫困村建立互助资金组织,解决农户资金需求。

(六)采取有效措施,帮扶特困群体

开展"兴边富民"行动,实施《扶持人口较少民族发展规划(2005—2010年)》,不断加大对少数民族地区的扶贫投入力度,各项扶贫措施向少数民族地区倾斜。促进贫困妇女公平参与,在扶贫开发中制定了使妇女直接受益的各项政策措施。采取特殊措施帮助贫困残疾人。"十五"和"十一五"期间都制定了残疾人事业发展纲要。每年专项安排康复扶贫贷款和其他资金。

(七)统筹城乡区域,促进科学发展

全面推行农村税费改革,取消农业税、牧业税、特产税和其他不合理的税费,减轻农民负担。建立农业补贴制度,对农民实行粮食直补、良种补贴、农机具购置补贴和农业生产资料综合补贴,鼓励农业生产。明确提出建设社会主义新农村的任务,加大对农村水、电、路、气、房等基础设施的投入力度,积极推进农村危房改造试点。实施西部大开发和中部崛起战略,加大对中西部地区的财政转移支付力度,通过退耕还林还草政策改善西部自然条件恶劣地区的生态环境,增加当地农民的收入。全面发展农村社会事业。改革农村义务教育管理体制,实施新型农村合作医疗制度,出台相关措施对困难群众实施医疗救助。开展新型农村养老保险试点,目前已覆盖24%的县。把计划生育作为基本国策,在农村实施计划生育家庭奖励扶助制度和"少生快富"工程。切实保护农民工权益。

　　我国扶贫开发事业取得的巨大成就,为促进经济发展、政治稳定、民族团结、边疆巩固、社会和谐发挥了重要作用,是中国特色社会主义理论和实践的重要组成部分,是全球减贫进程中的一道亮丽风景线。这些成就不仅形成了一座座历史丰碑,而且奠定了进一步推进扶贫事业、全面建设小康社会的坚实基础。

扶贫开发是一项长期历史任务

经过改革开放 30 多年来的不懈努力,随着全国农村居民生存和温饱问题的基本解决,扶贫开发从以解决温饱为主要任务的阶段转入巩固温饱成果、加快脱贫致富、改善生态环境、提高发展能力、缩小发展差距的新阶段。当前,我国经济保持平稳较快发展,基本公共服务均等化加快推进,为扶贫开发创造了有利环境和条件。但是,面对新阶段扶贫开发的新任务、新特点,扶贫开发面临的形势依然严峻,任务十分繁重。因此,《中国农村扶贫开发纲要(2011—2020年)》明确指出,扶贫开发是一项长期历史任务。

一、我国仍处于并将长期处于社会主义初级阶段

新中国成立以来特别是改革开放以来,我国社会生产力有了巨大发展,综合国力大幅增强,人民生活显著改善,国内生产总值相继超过德国和日本,成为世界第二大经济体,实现了由解决温饱到总体上达到小康的历史性跨越。但是,我国人口多、底子薄,城乡发展和地区发展还很不平衡,生产力不发达的状况并没有根本改变。根据国际货币基金组织等国际组织的

数据，中国人均生产总值的世界排名在第100位左右，不到世界平均水平的一半。与此同时，我国发展中不平衡、不协调、不可持续的问题仍然突出。主要表现是经济增长的资源环境约束强化，投资和消费关系失衡，收入分配差距较大，科技创新能力不强，产业结构不合理，城乡区域发展不协调，就业总量压力和结构性矛盾并存，社会矛盾明显增多，制约科学发展的体制机制障碍依然较多。所以，尽管中国的经济发展取得了显著成就，但中国仍然是发展中国家的属性没有变，中国仍处于并将长期处于社会主义初级阶段的基本国情没有变。

二、扶贫开发任务仍然十分艰巨

《中国农村扶贫开发纲要（2001—2010年）》实施以来，我国扶贫开发取得了显著成就，重点县农民人均纯收入明显增加，与1978年2.5亿相对应的农村绝对贫困人口稳定减少到1000万以下，贫困发生率下降到1%以下，贫困地区基础设施明显改善，社会事业不断进步，最低生活保障制度全面建立，农村居民生存和温饱问题基本解决。但是，受居住环境恶劣、自然灾害频发、产品市场波动、外部环境复杂等因素影响，扶贫开发任务仍然十分艰巨。第一，贫困人口规模较大，返贫压力增大。按照2010年1274元的扶贫标准，全国有扶贫对象2688万人，如果参考国际标准，我国的贫困人口则会更多。而且，在传统致贫因素的基础上，市场风险、自然灾害等成为致贫返贫的重要成因。2008年以来，在国际金融危机的冲击下，减贫速度曾一度回落到2003年以前的水平，凸显了扶贫对象在市场波动面前的脆弱性。第二，发展严重不平衡，集中连片特殊困难地区贫困问题严重。受区域发展不平衡等因素的影响，扶贫开发最艰巨的任务集中在民族地区、边境地区、革命老区和偏远山区等集中连片特殊困难地区，集中表现出基础设施薄弱、产业发展不足、社会事业滞后、公共服务欠缺、社会稳定隐患多等特点，发展问题凸显和突出、扶贫开发任务十分繁重。根据国家统计局贫困监测数据分析，2001年到2010年间的贫困人口分布，西部的比重从61%增加到65%，其中云南、贵州、甘肃3省的贫困人口比重从29%增加到39%。第三，自然灾害威胁严重，防灾抗灾能力不足。贫困地区往往是自然灾害多发地区。据统计，贫困地区遭受严重自然灾害的几率是其他地区的5倍。贫困地区防灾抗灾能力明显不足，许多生态环境脆弱地区经济社会发展滞后，农牧业生产受灾害威胁十分严重，尽管采取了搬迁扶贫等一系列措施，一些农民的生产生活问题还未得到稳定解决。

三、新阶段扶贫对象实现全面小康目标仍需要长期奋斗

今后十年，是我国全面建设小康社会的关键时期。已基本解决生存和温饱问题的扶贫对象能否如期实现小康，是建成惠及十几亿人小康社会伟大事业的关键所在，是新阶段扶贫开发的重要任务。已基本解决生存和温饱问题的扶贫对象虽已能过上温饱生活，但他们仍主要集中居住在西部地区、生态环境脆弱地区和少数民族地区，其生存发展环境、自我发展能力、基

础设施条件和公共服务保障等条件均未发生根本性变化，其应对自然灾害、市场波动、环境变化和子女入学、家人就医等突发事件的能力还相当脆弱，不仅与全面小康的生活水平有较大差距，而且极易出现阶段性返贫，巩固温饱成果、实现全面小康的难度相当大。

让已基本解决生存和温饱问题的扶贫对象实现全面小康是贫困地区全面建设小康社会的最终目标。必须要以更高的工作要求，更大的扶持力度，更有力的政策举措，在尽快全面提高已基本解决生存和温饱问题扶贫对象收入的基础上，提升其身体素质、文化素质和稳定就业能力，提高其吃、穿、用、住、文化娱乐及健康卫生水平，改善生产生活条件，使其真正具备自我发展能力，尽快过上更为幸福、更有尊严、更加安康的生活。

四、缩小发展差距更是一个长期的过程

发展不平衡，是指在发展过程中出现的不协调，不匹配和不和谐的关系。它是人类发展过程中一个较为普遍的现象，无论在全球还是在一个国家范围内，发展过程的不平衡性广泛存在，只不过在不同阶段表现程度不同而已。我国受地区自然条件迥异、发展重心变迁、经济政策变化等因素的制约，在经济总体快速发展、取得举世瞩目成就的同时，城乡之间、区域之间发展不平衡的问题也日显突出。这种发展不平衡问题，体现在经济社会发展的很多方面和不同层次。首先，城乡发展差距拉大。受长期城乡二元体制的影响，广大农村发展严重滞后于

城镇,集中表现在城乡居民的收入差距上。2000—2010年,全国城乡居民收入之比从2.79:1扩大至3.23:1,绝对值从相差4027元增加至13190元。其次,区域发展不协调。受自然、历史、经济等多种因素的共同作用,区域之间在发展水平、经济总量、收入水平等方面的差距持续拉大。2009年,我国东部地区年人均收入为38587元,西部地区为18090元,差距达2万余元;从省际差别看,最高的上海市年人均收入达76976元,最低的贵州省为9187元,两地相差67789元。再次,除经济差距外,城乡之间、区域之间基本公共服务水平的差距也较大。2009年,西部地区人均教育经费支出仅为东部地区的73.5%;城市拥有约70%的卫生资源,而广大农村只拥有约30%,农村居民人均卫生费用不足城市居民的1/4。从而造成西部和农村,优质教育资源短缺、城乡教育不公平等问题比较突出,医疗服务供给总量相对不足,人民群众对看病难的反映仍比较强烈,社会保障体系不够完善,保障水平低,等等。

  缩小不断拉大的发展差距,是我国经济发展过程中一项长期的重大战略任务。要始终坚持城乡和区域统筹发展的理念,把扶贫开发融入到工业化、城镇化、市场化进程中,把人口集聚、产业发展、群众增收、民生改善和生态保护有机结合起来,加大政策扶持、规划指导、资金投入力度,加快推进贫困地区城乡经济社会一体化发展,逐步缩小城乡之间、区域之间的发展差距。

深入推进扶贫开发的重大意义

扶贫开发是贯穿社会主义初级阶段长期而艰巨的历史任务。尽管我国社会主义现代化建设取得了显著成就,但也必须清醒地看到,我国仍处于并将长期处于社会主义初级阶段,经济社会发展总体水平不高,受自然、地理、历史、文化等因素影响,贫困地区加快发展、改变面貌,贫困人口稳定温饱、脱贫致富,还需要付出极大的努力;而缩小发展差距、实现共同富裕,更是市场经济条件下的长期任务。全党全社会必须认识到,加强扶贫开发,帮助贫困地区、贫困人口获得公平的发展机会,对于维护群众根本利益、巩固党的执政基础、确保国家长治久安、实现社会主义现代化建设宏伟目标,具有十分重大的意义。

(一)深入推进扶贫开发是坚持党的宗旨、执政为民的重要体现

我们党的根基在于人民、血脉在于人民、力量在于人民。党和政府的全部任务和责任,归根到底都是为了实现好、维护好、发展好最广大人民的根本利益。我们党正是用这一伟大理想和奋斗目标,号召人民、动员人民、组织人民投身于社会主义革命、建设和改革开放的伟大事业。目前,随着我国综合国

力的不断增强，我们已经有能力在更高标准上推进扶贫开发，不断满足贫困群众日益增长的物质文化需要，逐步实现消除贫困、加快发展、缩小差距，让人民群众过上幸福安康生活的美好理想。这是中国特色社会主义的本质要求，是党的先进性的最好体现。我们共产党人要以更大的气魄和决心，加快扶贫开发进程，带领人民群众脱贫致富，让人民群众在改革发展中深切感受党的关怀和温暖、深切体会社会主义的优越性，更加坚定建设中国特色社会主义的信念。

（二）深入推进扶贫开发是全面贯彻落实科学发展观的迫切需要

发展是我们党执政兴国的第一要务，是解决中国所有问题的关键和基础。扶贫开发促进贫困地区实现全面持续可协调的发展，促进贫困人口共享发展的成果。科学发展是以人为本的发展。我们必须坚持从最广大人民根本利益出发谋发展、促发展，尊重人民主体地位，保障人民各项权益。经过多年的扶贫开发，我们基本满足了贫困人口最基本的生存需求，解决了他们最关心、最直接、最现实、最紧迫的问题。今后，要继续提高贫困人口收入，改善贫困地区的基础设施和公共事业，缩小发展差距，解决好他们的发展问题。离开了生存与发展的权利，一切发展将会失去目标，没有任何意义。科学发展是公平参与的发展。贫困人口既是扶贫开发的受益者，又是参与者。科学发展是人与自然的和谐发展。扶贫开发坚持自然资源开发和人力资源开发同步进行，坚持与资源环境保护相结合，促进资源、人口和环境的良性循环。

(三）深入推进扶贫开发是全面建设小康社会、构建社会主义和谐社会的重要内容

在 21 世纪上半叶，我们党要团结带领全国各族人民完成两大宏伟目标：到 2020 年，建成惠及十几亿人口的更高水平的小康社会；到 2050 年，建成富强、民主、文明、和谐的社会主义现代化国家。实现两个宏伟目标，首要任务就是消除绝对贫困现象，逐步扭转发展差距扩大趋势。全面小康不能少了贫困人口脱贫致富，和谐社会不能容忍发展差距过大的现象。牢牢把握扶贫开发这个抓手，制定更有针对性的扶持政策，采取更有力的措施，解决好贫困地区、贫困人口的脱贫与发展问题，才有可能建成真正全面、更高水平的小康。贫困地区多为革命老区、民族地区和边疆地区，资源相对富集，生态地位重要，在全国经济社会发展中具有举足轻重的战略地位。搞好这些地区的扶贫开发，把资源优势转化为产业优势、经济优势，既是群众脱贫致富的有效途径，也是优化区域经济布局、统筹全面发展、加快小康社会进程的一项重要举措。要把扶贫开发作为最大的民生工程，作为加强和创新社会管理的重要手段，作为维护国家长治久安的治本之策，解民忧、纾民困、惠民生，促进社会和谐稳定。

（四）深入推进扶贫开发是中国对人类发展做出的应有贡献

和平、发展、合作是当今世界的主题。贫困是造成社会动荡的深层次根源，是和平与发展的巨大威胁。缓解和消除贫困，

是国际社会共同面临的紧迫任务。中国作为一个有 13 亿人口的大国，通过自身努力，成功解决了吃饭问题，人民生活在总体上达到小康水平，提前实现了联合国千年发展目标中贫困人口减半的目标，本身就是对全球和平与发展的最大贡献。近年来，在错综复杂的国际环境下，中国持续的减贫成效，更显得弥足珍贵。中国作为负责任的大国，历来十分重视加强扶贫领域的国际交流与合作。我们不仅引进了国际组织的资金和项目，而且坚持从中国实际出发，把国际先进的减贫理念和方法应用于中国的扶贫实践。我们对其他发展中国家的减贫事业提供了力所能及的援助，增进了各国人民的友谊。我们与多边、双边国际机构和国际组织开展合作，共享全球减贫经验，进一步丰富和完善了世界反贫困理论体系。

我们要深刻地认识到，越是经济快速发展，越是要高度关注发展的不平衡、关注贫困群体，越是要大力加强扶贫开发工作。近年来，随着工业化、信息化、城镇化、市场化、国际化的快速发展，出现了新的致贫因素和贫困群体，这已逐步成为影响社会和谐稳定的突出问题。而且，随着经济社会的进步，群众基本需求日益多元化，解决温饱之后，必须不断满足他们追求发展机会、增进发展能力、分享发展成果的渴望。因此，加大扶贫开发力度，提高贫困人口的发展能力和生活质量，不仅是经济问题，更是社会问题、政治问题。当前，我国发展正处于重要的战略机遇期，同时也是矛盾凸显期，对扶贫开发的长期性、艰巨性、复杂性和紧迫性，全党同志务必要有清醒地认识，决不能因为温饱问题基本解决就忽视和放松了扶贫开发的工作。

新阶段扶贫开发的指导思想

我国经济社会、城乡区域发展和人民生活改善的新形势，对扶贫开发提出了新要求。扶贫开发已经进入到以巩固温饱成果、加快脱贫致富、改善生态环境、提高发展能力、缩小发展差距为主要任务的新阶段。面对新形势、新任务，《中国农村扶贫开发纲要（2011—2020年）》提出未来十年扶贫开发的指导：高举中国特色社会主义伟大旗帜，以邓小平理论和"三个代表"重要思想为指导，深入贯彻落实科学发展观，提高扶贫标准，加大投入力度，把连片特困地区作为主战场，把稳定解决扶贫对象温饱、尽快实现脱贫致富作为首要任务，坚持政府主导，坚持统筹发展，更加注重转变经济发展方式，更加注重增强扶贫对象自我发展能力，更加注重基本公共服务均等化，更加注重解决制约发展的突出问题，努力推动贫困地区经济社会更好更快发展。

坚持开发式扶贫方针

开发式扶贫是中国特色扶贫开发道路的基本经验。1986年国家成立国务院贫困地区经济开发领导小组，标志着以开发式扶贫为方针的专项扶贫的开始。1994年颁布实施的《国家八七扶贫攻坚计划》第七条表述"继续坚持开发式扶贫的方针：鼓励贫困地区广大干部、群众发扬自力更生、艰苦奋斗的精神，在国家的扶持下，以市场需求为导向，依靠科技进步，开发利用当地资源，发展商品生产，解决温饱进而脱贫致富。"《中国农村扶贫开发纲要（2001—2010年）》强调，要"坚持开发式扶贫方针。以经济建设为中心，引导贫困地区群众在国家必要的帮助和扶持下，以市场为导向，调整经济结构，开发当地资源，发展商品生产，改善生产条件，走出一条符合实际的、有自己特色的发展道路。通过发展生产力，提高贫困农户自我积累、自我发展能力。这是贫困地区脱贫致富的根本出路，也是扶贫工作必须长期坚持的基本方针。"《中国农村扶贫开发纲要（2011—2020年）》更是进一步确立了开发式扶贫方针，即"实行扶贫开发和农村最低生活保障制度有效衔接。把扶贫开发作为脱贫致富的主要途径，鼓励和帮助有劳动能力的扶贫对象通过自身努力摆脱贫困；把社会保障作为解决温饱问题的基本手段，逐步完善社会保障体系。"党的十七届三中、五中全会都要求，要坚持开发式扶贫的方针。2006年9月，胡锦涛总书记在新疆考察时再次强调"扶贫开发是构建社会主义和谐社会的一项重要内容，要坚持开发式扶贫方针"。开发式扶贫道路具有鲜明的中国特色，是我国扶贫事业取得巨大成就的基本经验之一。

一、基本概念

在对贫困的研究中，贫困的界定和测度是一个重要的理论和现实问题。世界银行报告指出，贫困不仅指低收入、低消费水平，也是指缺少受教育的机会，营养不良，健康状况差，贫困意味着没有发言权和恐惧等。1998年度诺贝尔经济学奖获得者阿玛蒂亚森认为，贫困真正的含义是贫困人口创造收入能力和创造机会的贫困，贫困意味着贫困人口缺少获取和享受正常生活的能力。可见，贫困远不止是人们通常所认为的收入不足问题，实质更是指人类发展所必需的最基本的机会和选择权的被排斥，恰恰是这些机会和选择权利才能把人们引向一种长期、健康和创造性的生活，使人们享受体面生活、自由、自尊和获得他人的尊重。上述对贫困的界定，各自从不同的角度加以阐述，形成了各自的特点，但是也有其共性的一面。贫困是一个超越收入的多方位、动态性、复杂性的概念，影响贫困的因素涉及收入水平、机会、能力、安全水平、权利等多方面。从侧重点看，其突出强调了个人的生存和发展能力；从内容看，随着对贫困认识的逐步深化，其由早期的注重贫困人口的物质缺乏，转向强调贫困是因为能力的缺乏；从其程度看，贫困可分为绝对贫困和相对贫困；从贫困现象的层次看，贫困有结构性的特征。

根据贫困的内涵，要适应目前扶贫工作面临的新阶段的需要，必须要继续坚持开发式扶贫方针。开发式扶贫是较救助式扶贫而言的，指在国家必要支持下，改善贫困地区的发展环境，为贫困人口提供发展机会，充分发挥贫困地区自然资源和人力资源作用，逐步形成贫困地区和贫困群体的自我积累和发展能力，主要依靠自身力量解决温饱，逐步走向富裕。属于"造血式"扶贫。救助式扶贫是对农村缺乏劳动能力的贫困人口实施救助，通过救助，让他们基本解决生存和温饱问题，属于"输血式"扶贫。

二、实施开发式扶贫的意义

最低生活保障制度主要解决最基本的生存保障问题，而开发式扶贫解决的是增加贫困人口收入，缩小这部分人同全社会的收入差距，甚至使其实现富裕的问题。

1. 开发式扶贫成效显著。我国自20世纪80年代中期开始实施开发式扶贫以来，取得了非常明显的成效。农村贫困人口大幅度减少，农民人均纯收入持续增长，贫困地区基本的生产、生活条件进一步改善，各项社会事业有了较大进步。2004年，上海全球扶贫大会的召开和中国国际扶贫中心的成立，不仅肯定了我国在减贫方面所取得的成就，而且表明了我国开发式扶贫理念和模式已经为国际社会所赞同。

2. 农村贫困人口大多数可通过开发式扶贫摆脱贫困。当前农村贫困人口数量较大，其中大多数人主要是因为人均资源不足，基础设施落后，生产条件差，缺乏就业能力等而致贫的。多数贫困人口可以通过开发式扶贫增加收入，走上致富之路。到2011年7月，国务院扶贫办贫困农户信息统计系统识别出国家标准以下贫困人口为2324.8万人，其中扶贫对象有1822万人，占贫困人口总数的78.4%。帮助如此大规模贫困群体稳定脱贫、发展生产，提高生活水平，缩小与其他社会群体的差距，完全靠政府的转移支付予以供养，缺乏可能性，即使要全部由政府供养，这部分人群也只能获取低层次的生活条件。而且，如果仅仅依靠补贴，扶贫对象就会极大限制其通过自身摆脱贫困的积极性，所以必须要坚定不移地坚持开发式扶贫的方针。

3. 通过开发式扶贫促进贫困地区发展、提高贫困地区农民收入水平，仍是党和政府面临的重大历史任务。实现全面建设小康社会的目标，构建社会主义和谐社会，客观要求在经济社会发展方面缩小地区差距，缩小收入差距。然而，现实的情况是贫困地区经济基础差，基础设施薄弱，自身摆脱贫困能力不足的状况没有改变，这也部分导致扶贫对象分布的区域性、整体性特征仍很明显，必然要求通过开发式扶贫，达到全面改变的目的。未来十年，国家将连片特困地区作为扶贫开发主战场。11个连片特困地区，包括505个县，国土面积139万平方公里，总人口2.2亿，其中乡村人口约1.9亿。按2007—2009年三年平均计算，县域人均国内生产总值6650元；县域人均财政一般预算收入262元；县域农民人均纯收入2667元。分别相当于西部平均水平的49.1%、43.7%和73.2%。从重点县发展现状看,重点县与非重点县绝对差距扩大的趋势并没有改变。2002年底,重点县贫困发生率为24.3%,高于全国15.1个百分点;重点县农民人均纯收入1350元,为全国平均水平的54.5%。2010年底,重点县贫困发生率8.3%,仍然高于全国5.5个百分点;重点县农民人均纯收入3273元,为全国平均水平的55.3%。从重点贫困村情况看,2010年,贫困县里的重点村自然村通公路、电、电话、电视节目的比重分别为86.3%、97.1%、91%、95%,人均纯收入为3093.7元,为全国平均水平的52.3%,差距还比较大。总之,促进贫困地区发展,增加这些地区农民群众收入,最终实现地区均衡发展,实现共同富裕,都需要继续加大扶贫开发力度。

4. 扶贫开发是实现稳定脱贫、缓解低保压力的有效手段。由于市场冲击、自然灾害、因病因残等因素,我国返贫现象十分突出。2008年的贫困人口中,有56.3%在2009年脱贫,只有43.6%的贫困人口到2009年还保持贫困状态;2009年的贫困人口中,有50.5%是当年的返贫人口,连续两年都是贫困人口的,只占49.5%。扶贫开发一方面通过为贫困人群创造机会,提高贫困人口的发展能力,促进其可持续发展。另一方面也只有开发式扶贫才能帮助扶贫对象稳定脱贫,可以控制农村低保规模始终保持在一定范围内,避免低保越保越多。同时通过促进经济发展和提高农民生活水平,可以为低保提供更多的资金来源,也为低保制度的执行创造更有利的条件。

三、农村扶贫开发与农村最低生活保障制度的差异

扶贫开发和建立农村贫困人口最低生活保障制度都是缓解

和消除农村贫困的方式，但是两者在目标、工作对象、工作手段、性质、实施主体和机制等方面存在不同之处。

一是目的不同。建立低保制度的目的是维持低保对象的最低生活水平，保障其基本生活水平，使社会主体共享改革开放和经济社会发展的成果，实现社会公平，促进农村经济社会稳定协调发展。扶贫开发工作的目的是提高贫困地区、扶贫对象自我发展的能力，培养扶贫对象的自立自强精神，使其真正、稳定走上脱贫奔小康之路，并获得尊严、自信和可持续发展能力。

二是工作对象不同。农村低保制度的目标是应保尽保，因此工作对象是农村家庭人均纯收入低于当地最低生活保障标准的全部贫困人口，并以家庭为单位提供补助。扶贫开发涵盖了所有具有劳动能力的贫困人口，而且扶贫开发除了支持扶贫对象家庭以外，还支持贫困村、重点县、连片特困地区的发展。

三是工作手段、性质不同。扶贫开发是一种扶持生产的开发形式，其手段是创造生产条件，提供生产发展机会。低保制度是一种社会救济制度，其手段则是通过财政转移支付，给予贫困人口现金或实物的生活补助。因此，低保是输血式的扶贫，关注的是人的生存权；而扶贫开发是造血式的扶贫，更多地关注人的发展权。

四是实施主体和机制不同。低保工作是以民政部门为主体实施，其工作机制是识别低保对象，逐层进行资金和物质传递。扶贫工作是由扶贫部门主管，扶贫工作机制是以项目实施为主。

未来十年，我国依然要坚持扶贫开发和农村低保的两轮驱动扶贫模式,并逐步实现两项制度有效衔接。通过充分发挥农村最低生活保障制度和扶贫开发政策的作用,在贫困人口识别程序、扶持政策、信息管理等方面实现有效衔接,保障农村贫困人口的基本生活,提高收入水平和自我发展能力,从而稳定解决温饱并实现脱贫致富。

四、开发式扶贫主要方向的调整

随着农村最低生活保障制度的全面建立,我国农村扶贫开发的目标任务不再是解决贫困人口温饱问题,而是要着力于促进扶贫对象增加收入,促进贫困地区发展。在这一新形势下,应当坚持实事求是的原则,按照与时俱进的要求,调整扶贫开发的政策措施。加快整合扶贫资源,构建专项扶贫、行业扶贫、社会扶贫三位一体的国家扶贫战略工作格局。统筹规划,突出重点。充分发挥扶贫开发领导小组的统筹协调职能,统一规划,统筹使用扶贫资金。分阶段、分地区制定扶贫规划,突出体现不同阶段、不同区域的扶贫重点工作。点面结合,针对不同的贫困成因和贫困分布的特点,因地制宜确定扶贫开发的措施。以统筹区域经济发展为基础,整合资源、集中投入、合力攻坚,解决制约贫困区域现代农业和区域经济发展的瓶颈问题,培育区域性经济增长极,并将贫困地区纳入特定经济圈,发挥产业发展和城镇化建设的辐射作用,建立起促进扶贫对象增收和带动贫困地区发展的机制。建立扶贫开发成效科学评价方法与体系。目前评价扶贫开发效果主要以扶贫对象的减少为标准,标准单一,缺少科学性。未来必须要建立一套涵盖扶贫对象数量、收入、消费状况、贫困地区整体发展状况等多项指标的综合评价扶贫开发成效的方法和指标体系。加强法制化建设。事实表明，没有法律保障，给扶贫工作带来较大的混乱，扶贫主体不明、责任不明等现象突出。必须要加快扶贫立法，使扶贫工作尽快走上法制化轨道。

扶贫开发的基本原则

《中国农村扶贫开发纲要（2011—2020年）》提出了指导扶贫开发的工作方针，就是要坚持开发式扶贫方针，实行扶贫开发和农村最低生活保障制度有效衔接。把扶贫开发作为脱贫致富的主要途径，鼓励和帮助有劳动能力的扶贫对象通过自身努力摆脱贫困；把社会保障作为解决温饱问题的基本手段，逐步完善社会保障体系。把握好这个工作方针，关键是要坚持好以下七条原则，这是做好当前和今后一个时期扶贫开发工作的基本要求和根本方向。

一、政府主导，分级负责

各级政府对本行政区域内扶贫开发工作负总责，把扶贫开发纳入经济社会发展战略及总体规划。实行扶贫开发目标责任制和考核评价制度。

适应新形势的发展需要，应强化扶贫开发机构职能，完善执法手段，提高工作效果。强化扶贫的领导责任，从法律上明确各级党政一把手负总责的领导责任，形成领导亲自部署、亲自督促、亲自检查的齐抓共管的工作机制，真正做到扶贫开发工作有人问、有人抓、有人管，确保扶贫开发工作健康发展。县级以上人民政府扶贫开发主管部门负责本行政区域内的农村扶贫综合管理工作。县级以上人民政府应当把农村扶贫纳入本行政区域经济和社会发展战略及中长期发展规划，并制定专项农村扶贫规划。政府各有关部门制定行业发展规划时，应当与本行政区域专项农村扶贫规划相衔接，统筹、优先安排贫困地区建设项目。省级（区、市）人民政府应当将财政扶贫投入纳入财政预算，逐年增加。各级财政应当建立与本地区经济发展水平相适应的财政扶贫投入增长机制。省级财政扶贫投入应当按照不低于中央扶贫投入的一定比例配套安排。省级人民政府及有关部门应当协助做好国家机关定点帮扶和发达地区对口支持等工作，组织实施帮扶和协作项目。县级以上人民政府应当建立贫困监测和扶贫统计制度。实行农村扶贫目标责任制和考核评价制度，将农村扶贫目标任务完成情况作为各级人民政府和相关部门及其负责人考核评价的重要内容。强化扶贫目标管理责任，对扶贫任务和目标，逐级分解，层层签订扶贫开发责任状，实行责任追究制，一级抓一级，切实落实各项目标任务。对未完成年度农村扶贫目标、建设任务及对口帮扶工作的，予以批评教育并要求限期完成。

二、突出重点，分类指导

中央重点支持连片特困地区。加大对革命老区、民族地区、边疆地区扶持力度。根据不同地区经济社会发展水平，因地制宜制定扶贫政策，实行有差别的扶持措施。

目前贫困人口连线成片的贫困问题凸现,是比较难啃的"硬骨头"。在财力、物力有限的条件下,如果延续过去部门各自为战、资金分散使用、救济式"输血"帮扶的老模式,扶贫开发工作将难以取得突破性进展,必须采取更有针对性的措施,分区研究,连片开发。要制定专门针对连片贫困地区的区域发展战略,本着集中连片的原则,综合考虑片区农民的收入水平、贫困人口数量、基本生产生活条件等因素,确定一批集中连片特殊类型贫困地区。国家制定综合发展规划,把贫困人口集中的中西部革命老区、民族地区、边疆地区和贫困地区作为扶贫开发和区域协调发展的重中之重,国家给予重点扶持。采取针对性和瞄准性更强的区域扶贫政策,实施集中连片特殊类型贫困地区扶贫大会战,在基础设施、公共服务、特色产业、生态建设等方面给予重点支持,集中投入解决制约区域经济社会发展的关键性因素和问题。

三、部门协作,合力推进

各相关部门要根据国家扶贫开发战略部署,结合各自职能,在制定政策、编制规划、分配资金、安排项目时向贫困地倾斜,形成扶贫开发合力。

始终把发展作为消除贫困的第一要务,把统筹城乡经济社会发展作为扶贫开发的大战略。各级党委和政府要加大国民收入分配调整力度,把基础设施和公共事业发展的重点切实放到农村,将政府的公共资源更多地投向农村,引导资金、技术、人才、管理等要素向农村聚集。行业职能部门是统筹城乡发展的主要带动力量,要结合各自的职能职责,在制定规划、分配资金、实施项目时,都要把贫困地区作为重点来谋划和部署。积极支持贫困地区充分利用当地优势资源,集中力量扶持优势产业。支持贫困地区发展村级集体经济、农民专业合作社和农民专业户规模经济。因地制宜地实施扶贫移民和生态移民,对生态保护重点地区、生存条件恶劣地区、地质灾害严重地区实行异地开发、搬迁扶贫,努力改善生存和发展条件。加强贫困地区劳动力职业技能培训和就业指导,组织引导贫困地区农村富余劳动力有序转移。继续实行以工代赈政策,扩大以工代赈规模,支持贫困地区基础设施建设。加强贫困地区和贫困人口的基础教育和职业教育,制定和完善教育资助制度,确保贫困人口受教育权利,提高贫困人口文化教育水平。建立和完善城市教师到贫困地区支教、任教制度。加强贫困地区农村医疗卫生机构建设和队伍建设,制定和落实贫困地区医疗卫生人才引进制度,建立城市医疗卫生人员支援贫困地区制度。加强贫困地区农村文化和体育的组织、设施、队伍建设,实施文化、体育扶贫工程。

四、自力更生,艰苦奋斗

加强引导,更新观念,充分发挥贫困地区、扶贫对象的主动性和创造性,尊重扶贫对象的主体地位,提高其自我管理和发展能力,立足自身实现脱贫致富。

发动和依靠群众,让贫困人口直接参与扶贫开发项目决策,促进贫困人口素质和能力建设,切实提高贫困人口的自我发展能力,是开发式扶贫的根本目标。20世纪90年代以来,我国积极推行参与式扶贫的理念和方式,动员群众积极依靠自身力量改变贫穷落后面貌。一方面通过参与式整村推进,让贫困人口直接参与扶贫开发项目与资金使用的决策,促进贫困地区和贫困人口的能力建设;另一方面通过社区主导型发展试点,推进村民自治和基层民主制度建设,进一步焕发贫困群众的自强自立精神,实现自我管理和自主发展。

五、社会帮扶,共同致富

广泛动员社会各界参与扶贫开发,完善机制,拓展领域,注重实效,提高水平。强化政策措施,鼓励先富帮后富,实现共同富裕。

积极开展中央国家机关定点扶贫、东西部扶贫协作。依托国家定点扶贫和东西部扶贫协作渠道,整合行业对口支援工作,由中央和国家有关部门、东部有关省市有计划、有步骤地组织选派各类人才,到贫困地区对口帮扶地区帮助工作,建立扶贫与扶智、人才支持与项目支持相结合的长效机制。实施边远贫困地区、边疆民族地区和革命老区人才支持计划,鼓励和支持各地区开展多种形式的区域技术、人才合作,引导人才向贫困地区流动,优化人才区域和行业布局。探索沿海发达地区对口帮助西部贫困地区的东西扶贫协作工作新方式,拓展协作领域,扩大协作规模,提高协作水平。要结合经济转型、升级和优化产业布局的需要,按照优势互补、互惠互利、长期合作、共同发展的原则,积极探索经济协作尤其是企业合作机制,做好贫困地区承接东部发达地区产业转移工作;做好社会扶贫的动员组织工作,挖掘社会捐款捐物、解难济困的潜力。军队和武警要根据自身实际,通过多种方式积极参加扶贫。科研机构、大专院校、民主党派、社会团体,都要发挥自身优势,努力为贫困地区的经济和社会发展献计献策,贡献智慧和力量。

六、统筹兼顾,科学发展

坚持扶贫开发与推进城镇化、建设社会主义新农村相结合,与生态建设、环境保护相结合,充分发挥贫困地区资源优势,发展环境友好型产业,增强防灾减灾能力,提倡健康科学生活方式,促进经济社会发展与人口资源环境相协调。

新时期的扶贫开发,不仅要帮助贫困地区、贫困人口解决眼前温饱和摆脱贫困,更要促进贫困地区经济社会全面协调可持续发展,是一项涉及面更为广泛、内容更为丰富的长期而艰巨的任务;要科学利用自然资源、人力资源,把扶贫开发与资源保护、生态建设结合起来,使扶贫开发在一个更加科学的层面上来展开,使贫困地区的发展更具可持续性;要把以人为本作为总的大原则,把提高贫困人口综合素质和自我发展能力作为扶贫开发最主要的内容,建立起长效脱贫机制。扶贫开发要把生态环境保护和建设放在重要位置,并使生态环境建设与农业结构调整结合起来,搞好退耕还林还草、防沙治沙、小流域综合治理,走可持续发展道路。

七、改革创新,扩大开放

适应社会主义市场经济要求,创新扶贫工作机制。扩大对内对外开放，共享减贫经验和资源。继续办好扶贫改革试验区，积极探索开放式扶贫新途径。

根据我国扶贫开发的阶段性特点和要求，建立科学合理的贫困标准定期调整机制，根据经济社会发展情况和贫困人口的实际，适时提高贫困标准，确保贫困人口及时得到国家的帮扶。建立国家扶贫开发工作重点县进出调整机制，制定比较全面的考核指标，对国家扶贫开发重点县实行动态管理。健全扶贫开发资金投入稳定增长机制，提高扶贫资金的使用效益。创新贫困地区金融机构的组织形式和服务方式。健全党政机关定点扶贫、东西部扶贫协作机制和社会救助帮扶、国际交流机制，增强扶贫政策的针对性、协调性和开放性。合理确定农村最低生活保障标准和补助水平，实现动态管理下的应保尽保。逐步提高新型农村合作医疗筹资水平、政府补助标准和保障水平。健全临时救助制度。加大对农村残疾人生产扶助和生活救助力度，农村各项社会保障政策优先覆盖残疾人。积极利用国外资金和借鉴国外扶贫经验，积极参与国际扶贫事业，为实现联合国千年发展目标做出新贡献。根据不同地区的实际，科学确定扶贫改革试验区的试验主题，鼓励先行先试，积极探索开放式扶贫新措施、新途径、新经验。

新阶段扶贫开发的总体目标

扶贫开发的奋斗目标是随着我国经济社会发展和人民生活水平不断提高而逐步调整的。《国家八七扶贫攻坚计划》提出,从1994年开始到20世纪末,解决8000万贫困人口的温饱问题。《中国农村扶贫开发纲要(2001—2010年)》提出,到2010年,"尽快解决少数贫困人口温饱问题,进一步改善贫困地区的基本生产生活条件,巩固温饱成果,提高贫困人口的生活质量和综合素质,加强贫困乡村的基础设施建设,改善生态环境,逐步改变贫困地区经济、社会、文化的落后状况,为达到小康水平创造条件。"目前,我国扶贫开发已经从以解决温饱为主要任务的阶段转入巩固温饱成果、加快脱贫致富、改善生态环境、提高发展能力、缩小发展差距的新阶段。因此,《中国农村扶贫开发纲要(2011—2020年)》明确提出,"到2020年,稳定实现扶贫对象不愁吃、不愁穿,保障其义务教育、基本医疗和住房(以下简称为"两不愁,三保障")。贫困地区农民人均纯收入增长幅度高于全国平均水平,基本公共服务主要领域指标接近全国平均水平,扭转发展差距扩大趋势。"

三个扶贫开发纲领性文件的目标均是顺应经济社会不同发展阶段要求的,一脉相承,层层递进,清晰展现了扶贫开发不同阶段的主要任务和特征，符合实事求是、与时俱进的精神。

"两不愁，三保障"目标的提出，高度概括了未来十年扶贫开发工作的努力方向，语言表述生动直观、通俗形象，既让基层干部和群众一听就懂，一目了然，又不会引起歧义；既鼓舞人心，又是经过努力可以实现的。"两不愁，三保障"目标的政策含义，既包括了生存的需要，又包括了部分发展的需要，符合新阶段扶贫工作的基本特征。

一、"两不愁，三保障"目标提出的背景

（一）农村居民生存和温饱问题基本解决

目前，我国农村绝对贫困人口数量已经稳步下降到1000万人以下。2010年，国家扶贫开发工作重点县农民人均纯收入达3273元，人均消费支出为2662元，恩格尔系数为0.491，食品和衣着消费支出比例下降到54.9%，其他消费品所占比重稳步上升。生存和温饱问题已经不再是我国扶贫开发需要解决的主要问题，扶贫发生阶段性巨大变化。

（二）发展不平衡问题凸显

一是区域发展的不平衡。按东部、中部、西部和东北地区划分，2009年各区域人均国内生产总值比值为1∶0.49∶0.45∶0.70。从城镇居民人均可支配收入看，全国最高省份和最低省份之比，由本世纪初的2.2倍扩大到2009年的2.4倍，绝对收入差距为17000元。同期，最高省份的城镇居民人均可支配收入与最低

省份的农民人均纯收入之间的差距,由9倍扩大到9.7倍,绝对收入差距高达25800元。发展不平衡、区域收入差距大等问题依然十分突出。二是城乡发展的不平衡。2010年,城镇居民可支配收入与农村居民人均纯收入之比达到3.23:1。根据收入差距贡献分解,城乡收入差距对全国收入差距的贡献率约为48%,我国居民收入分配差距很大程度地体现在城乡收入差距上。三是农村内部收入差距进一步拉大。我国基尼系数由1990年的0.35攀升到2008年的0.47。从1988年至2008年,全国收入最高10%人群和收入最低10%人群的收入差距,从7.3倍上升到23倍。按农村居民收入5等分情况看,2000年农村内部最高收入家庭的人均收入是最低收入家庭的6.5倍;2009年扩大到8倍。

(三)经济平稳快速增长及各项惠农政策为"两不愁,三保障"目标的实现奠定了物质基础

改革开放以来,我国国民经济平稳快速增长,综合国力不断增强,国内生产总值从1978年的3645.2亿元增长到2010年的39.8万亿,扣除物价因素,年实际增长率达9.9%。工业化、城镇化快速发展。到2009年,我国城镇化率达到46.6%,比1978年提高28.7个百分点,年均提高0.9个百分点。经济的高增长为解决不断增加的就业压力创造了条件,提供了大量就业机会,有2亿多农业劳动力转为非农就业。在经济平稳快速发展的同时,农业的基础地位不断加强。中央"三农"政策不断完善,支农投入不断增加,2010年,我国财政支农惠农投入达8597.7亿元,2010年是2002年的4.51倍。到2010年,我国主

要农产品,包括粮食、蔬菜、肉类、禽蛋、水产品等人均占有量都接近或超过世界平均水平,为解决贫困人口温饱、调整贫困地区经济结构创造了条件。全面推行农村税费改革,取消农业税、牧业税、特产税和其他不合理的税费,建立农业补贴制度,明确提出建设社会主义新农村的任务。统筹区域发展。全面发展农村社会事业。改革农村义务教育管理体制,实施"两免一补"政策。实施新型农村合作医疗制度,出台相关措施对困难群众实施医疗救助。开展新型农村养老保险试点。切实保护农民工权益。

二、"两不愁,三保障"的主要涵义

"两不愁,三保障"的表述是一个整体,涉及经济、社会多个方面的指标,目标清晰实在,既便于努力实现,也便于监督考核。同时,"两不愁,三保障"体现了扶贫工作重心从解决绝对贫困向解决相对贫困阶段的转移,是新时代特征的必然要求。

(一)实现"两不愁、三保障"首先要稳定解决扶贫对象基本生存需要,并适当考虑发展需求

未来十年,把稳定解决扶贫对象温饱、尽快实现脱贫致富作为首要任务。"稳定实现"是解决绝对贫困现象的难点,绝对贫困人口生存发展能力极差,极易返贫,对该部分人群必须采取"双轮驱动"的脱贫模式,在坚持开发式扶贫方针下,充分发挥农村低保的兜底作用。"两不愁,三保障"要解决吃饭、

穿衣和住房基本等生存需要，也要考虑义务教育和基本医疗等发展需要，是对中共十七大提出的努力实现全体人民"学有所教、劳有所得、病有所医、老有所养、住有所居"目标最基本的体现。

（二）贫困地区农民人均纯收入增长幅度高于全国平均水平是缩小收入差距的根本保障

2002—2010年，重点县农民人均纯收入增长幅度为8.83%，略高于全国农村8.18%的平均水平。经过这些年的发展，虽然重点县农民人均纯收入与全国平均水平的绝对差距由2002年的1171元增加到2010年2646元，但同期相对差距稳定缩小，重点县农民人均纯收入占全国平均水平的比重由52.7%上升到55.3%。今后，通过努力不仅要继续保持相对差距逐渐缩小，也要逐步实现绝对差距的缩小，这对未来扶贫开发提出了更高的要求。

（三）基本公共服务主要领域指标接近全国平均水平是自我发展能力形成的必要条件

基本公共服务主要包括三个方面：教育、医疗卫生和社会保障，目前其主要指标多低于全国平均水平。教育反映在三个方面，分别是劳动力半文盲和文盲率、青壮年劳动力受教育年限、接受过培训的劳动力比例。2009年，重点县劳动力半文盲和文盲率为10.8%，青壮年劳动力受教育年限为7.9年，接受过培训的劳动力比例为15.5%；全国农村平均水平分别为5.9%，8.3年和31.3%。医疗卫生反映在四个方面，分别是参加新型农村合作医疗比重、每万人拥有医院或卫生院数量、使用水冲式厕所的农户比重、饮用自来水和深水井的农户比重。2009年，重点县参加新型农村合作医疗的比重为92.1%，每万人拥有医院或卫生院0.557所，使用水冲式厕所的农户比重为5.5%，饮用自来水和深水井的农户比重为60.3%；全国平均水平分别为98.5%、0.561所、19.6%和75.9%。社会保障反映在两个方面，分别是农村最低生活保障制度覆盖比例和新型农村社会养老保险参加比例。2009年，重点县低保户比重为8.8%，户均领取低保金为693元，比重比全国平均4.4%的水平高一倍，但户均保障水平低。2010年，农村新型养老保险试点已经覆盖了全国24%的县，到"十二五"期末实现全覆盖。享受公平的教育、卫生和社会保障机会，不仅是全体人民的权利，也是实现贫困人口立足自身摆脱贫困，走向富裕的基础，只有提高贫困群体基本素质，解决他们基本的生存需要，他们才能有能力、有机会、有意识实现更高层次的发展。

（四）扭转发展差距扩大趋势是实现共同富裕的必经阶段

经过多年的努力，绝对贫困已不再是我国扶贫开发工作的重点，相对贫困问题日益凸显，未来十年必须要把解决相对贫困问题作为扶贫开发的重要方向，目标提到的"扭转发展差距扩大趋势"就是对这个趋势的明确表述。"发展差距"包括收入差距、消费差距、机会差距、能力差距等，内涵十分丰富。"扭转发展差距扩大趋势"已不仅仅指经济差距方面，更扩展到造成差距的源头——机会差距的扭转。今后一段时期，消除差距的时机还不成熟，要首先从扭转扩大趋势入手，逐步缓解相对差距扩大趋势，并最终缩小绝对差距，实现共同富裕的目标。

三、"两不愁，三保障"与其他目标的关系

（一）与构建全面小康社会目标的关系

中共十六大报告提出全面建设小康社会的目标。全面的小康社会，不仅仅解决温饱问题，而是要从政治、经济、文化等各方面满足城乡发展需要，中共十六大报告从经济、政治、文化、可持续发展四个方面界定全面建设小康社会的具体内容，中共十七大报告对这一目标进行了发展，提出了更高的要求。《中国农村扶贫开发纲要（2011—2020年）》提出的"两不愁，三保障"不等同于全面建设小康社会的目标，"两不愁，三保障"主要从经济环境及社会环境的角度提出要求，全面建设小康社会的目标涉及面更广，涵盖物质文明、精神文明、政治文明、生态文明等各个方面。可以说前者是后者实现的必要基础和重要组成部分，后者是前者更高层次、更大范围的发展。

（二）与消除绝对贫困现象目标的关系

中共十七届三中全会指出，到2020年，"绝对贫困现象基本消除"。绝对贫困现象是一个发展的概念，在不同的历史阶段具有不同的意义，既是客观的又是动态的，既和经济社会发展阶段有关，也和财政帮扶能力有关。随着社会的进步，绝对贫困现象的衡量标准必然逐步提高。"两不愁，三保障"是对

现阶段的绝对贫困现象的概括和描述，体现扶贫对象基本的温饱、教育、医疗及住房等的生存需要。"两不愁，三保障"包括了部分发展的要求，通过贫困地区农民人均收入不断地以更快的速度增长，各项公共服务水平的不断提升，逐步增强其市场主体地位，突出以自我发展能力的培养促进扶贫对象脱贫致富。2008年以来，我国成功克服国际金融危机的影响，经济发展迅速，这为我国扶贫开发提出更高要求提供了支撑。在这种条件下，提出"两不愁，三保障"的扶贫开发目标，也是对中共十七届三中全会所提目标的创造性地发展。

新阶段扶贫开发的主要任务

为了实现2020年扶贫开发的总体目标，《中国农村扶贫开发纲要（2011—2020年）》进一步提出了12项主要任务，涵盖了经济、社会、生态建设的方方面面，既体现了各行业部门"十二五"规划的部分目标，也体现了贫困地区的特殊情况。这种安排有两个方面的作用：一是和前一个纲要相比，目标任务更具体，便于落实和检查。二是为更好地整合扶贫资源创造了条件。特别是在各省级单位制定纲要具体实施办法的时候，可以根据《中国农村扶贫开发纲要（2011—2020年）》所提出的12个方面的目标任务，细化本地的具体目标，加大资源整合力度，提高实施办法的可操作性。

——基本农田和农田水利。到2015年，贫困地区基本农田和农田水利设施有较大改善，保障人均基本口粮田。到2020年，农田基础设施建设水平明显提高。根据水利部的测算，2010年，西南五省（区、市）及西北五省（区、市）重点县人均有效灌溉面积，分别为0.27亩和0.55亩，10省（区、市）加权的重点县人均有效灌溉面积0.43亩，以户均4.2人计算，10省（区、市）户均有效灌溉面积约1.8亩。基于这个测算，力争到2015年实现贫困地区户均有效灌溉面积2亩，到2020

年实现户均有效灌溉面积2.25亩。

——特色优势产业。到2015年，力争实现1户1项增收项目。到2020年，初步构建特色支柱产业体系。构建特色产业体系，以到户项目实现扶贫对象脱贫致富，力争到2015年，实现人均1亩经济林或1户1项以上增收项目。1户1项不是个平均数，是要保证每家每户都要有增收项目，比平均每户1项增收项目指标提出了更高的要求。

——饮水安全。到2015年，贫困地区农村饮水安全问题基本得到解决。到2020年，农村饮水安全保障程度和自来水普及率进一步提高。2010年重点县饮用水水源有污染的农户及取得饮用水困难的农户比重为14%，比2002年下降21.3个百分点。按照过去9年的发展速度，到2015年，可以基本实现贫困地区农村饮水安全问题，自来水普及率大约为48%。

——生产生活用电。到2015年，全面解决贫困地区无电行政村用电问题，大幅度减少西部偏远地区和民族地区无电人口数量。到2020年，全面解决无电人口用电问题。2010年重点县行政村通电比例超过99%，自然村通电的比例也已达到98%，已基本实现贫困地区行政村全面通电的目标。

——交通。到2015年，提高贫困地区县城通二级及以上高等级公路比例，除西藏外，西部地区80%的建制村通沥青（水泥）路，稳步提高贫困地区农村客运班车通达率。到2020年，实现具备条件的建制村通沥青（水泥）路，推进村庄内道路硬化，实现村村通班车，全面提高农村公路服务水平和防灾抗灾能力。交通领域使用的建制村即是政府工作报告中的行政村，二者概念一致。到2010年底，全国农村公路里程达350.66万公里，比上年末增加13.75万公里，全国通公路的乡（镇）比例为99.97%，通公路的建制村为99.21%，通硬化路面的乡（镇）比例为96.64%。2010年，全国通硬化路面的建制村比例为81.7%，比"十五"期末提高了28.81个百分点，提高速度很快。截至2010年底，西部地区建制村通沥青（水泥）路比例为41%，通班车的建制村比例为74%，达到预定目标的难度较大。计划到2015年，西部地区高速公路总里程达到3.6万公里，80%的现有国道达到二级及以上等级，藏区建制村通班车比例达到70%。到2020年，西部地区骨架公路将基本实现高速（或高等级）化。

——农村危房改造。到2015年，完成农村困难家庭危房改造800万户。到2020年，贫困地区群众的居住条件得到显著改善。2008年中央财政安排2亿元支持贵州省农村危房改造试点。2009年试点范围扩大到中西部950个县，中央财政安排40亿元，补助改造80万户农村危房。2010年试点范围扩大到全国陆地边境县、西部地区县、国家扶贫开发工作重点县、国务院确定享受西部大开发政策的县和新疆生产建设兵团团场，中央财政安排补助资金75亿元，支持完成120万户农村危房改造。

——教育。到2015年，贫困地区学前三年教育毛入园率有较大提高；巩固提高九年义务教育水平；高中阶段教育毛入学率达到80%；保持普通高中和中等职业学校招生规模大体相当；提高农村实用技术和劳动力转移培训水平；扫除青壮年文盲。到2020年，基本普及学前教育，义务教育水平进一步提高，普及高中阶段教育，加快发展远程继续教育和社区教育。

2010年，重点县7—15岁学龄儿童在校率为97.7%，比2002年提高6.7个百分点，青壮年文盲率也从2002年的12.4%下降到7%，同时期，受教育年限由8.2年提高到9年。今后一个时期总体"保持普通高中和中等职业学校招生规模大体相当"是《国家中长期教育改革和发展规划纲要（2010—2020年）》提出的目标，同时也提出，"逐步实行中等职业教育免费制度，完善家庭经济困难学生资助政策"，体现职业教育与学历教育并重的教育思路。

——医疗卫生。到2015年，贫困地区县、乡、村三级医疗卫生服务网基本健全，县级医院的能力和水平明显提高，每个乡镇有1所政府举办的卫生院，每个行政村有卫生室；新型农村合作医疗参合率稳定在90%以上，门诊统筹全覆盖基本实现；逐步提高儿童重大疾病的保障水平，重大传染病和地方病得到有效控制；每个乡镇卫生院有1名全科医生。到2020年，贫困地区群众获得公共卫生和基本医疗服务更加均等。医疗卫生服务水平，极大地影响一个地区的人均寿命和生活质量，是人类文明发展程度的重要标志。保障贫困地区基本服务，是实现统筹城乡发展，实现城乡区域基本公共服务均等化的重要组成部分，必须持之以恒抓好落实。2010年，重点县新型农村合作医疗参合率已经达到94.7%，从2002年开始一直呈上升态势。2009年，重点县每万人拥有医院、卫生院0.6个，拥有卫生技术人员19.2人，其中医生9.4人；79.6%的行政村有医疗室，79%的行政村有乡村医生或卫生员。

——公共文化。到2015年，基本建立广播影视公共服务体系，实现已通电20户以下自然村广播电视全覆盖，基本实现广播电视户户通，力争实现每个县拥有1家数字电影院，每个行政村每月放映1场数字电影；行政村基本通宽带，自然村和交通沿线通信信号基本覆盖。到2020年，健全完善广播影视公共服务体系，全面实现广播电视户户通；自然村基本实现通宽带；健全农村公共文化服务体系，基本实现每个国家扶贫开发工作重点县有图书馆、文化馆，乡镇有综合文化站，行政村有文化活动室。以公共文化建设促进农村廉政文化建设。随着经济社会的不断发展，人们的需求逐渐向多元化转变，除了基本的温饱问题，扶贫对象的公共文化的供给与需求的矛盾日益凸显，在未来十年，要更加注重公共文化服务体系与网络建设，满足扶贫对象的精神文化需要。2009年，重点县98%的行政村可以接收到电视节目，与全国的平均水平差距不大，比2002年提高2.2个百分点，能接收电视节目的自然村比重也已达到94.5%。截至2010年底，全国80%的行政村具备宽带接入能力，力争到"十二五"期末，通宽带行政村比例提高到95%。截至2011年6月30日，全国行政村基本实现了一村一月看一场电影的目标。

——社会保障。到2015年，农村最低生活保障制度、五保供养制度和临时救助制度进一步完善，实现新型农村社会养老保险制度全覆盖。到2020年，农村社会保障和服务水平进一步提升。社会保障制度是解决居民后顾之忧的重大举措。2010年底，农村最低生活保障人数为5228.4万人，比上年增加469.1万人，平均保障标准为117元/人·月；农村五保供养人数为175.9万人，比上年增加8万人，平均供养标准为2951.4元/人·年；农村临时救济人数为529.5万人次，比上年增加26.4万人次；

农村新型养老保险试点已经覆盖了24%的县。各项社会保障制度进一步完善。

——人口和计划生育。到2015年,力争重点县人口自然增长率控制在8‰以内,妇女总和生育率在1.8左右。到2020年,重点县低生育水平持续稳定,逐步实现人口均衡发展。实现人口均衡发展,首先就要体现在有一个合理的生育率。2009年,全国人口自然增长率为5.05‰,比上一年下降0.03个百分点。2010年,我国内地育龄妇女总和生育率估计在1.54。从全国的人口发展状况看,重点县实现上述的人口发展目标是不难实现的。

——林业和生态。到2015年,贫困地区森林覆盖率比2010年底增加1.5个百分点。到2020年,森林覆盖率比2010年底增加3.5个百分点。贫困地区多为生态功能区,也是生态脆弱区,提高其森林覆盖率对改善全国乃至全世界的生态环境都具有十分重大的意义。2009年,我国森林覆盖率达到20.36%,几个欠发达的省(区、市),森林覆盖率的差异还比较巨大,比如四川34.31%、贵州31.36%、云南47.50%、陕西37.26%,而西藏、甘肃、青海、宁夏、新疆等省(区、市),森林覆盖率较低,分别为11.91%、10.42%、4.57%、9.84%和4.02%,远远低于全国平均水平,这些区域多是生态环境恶劣,降水较少,要实现森林覆盖率的大幅增加,必须要采取更加科学的方法,要有更大的投入。

扶贫标准和工作对象

扶贫标准和工作对象规模是制定扶贫政策、实施扶贫规划的重要基础。扶贫标准主要用来界定贫困人口，识别扶贫对象，确定贫困规模，监测贫困程度，评估扶贫成效。制定扶贫标准的依据是贫困人口摆脱贫困状态所需要的收入或支出，反映的是贫困人口基本的生存、生活和发展需求。制定科学的扶贫标准，合理识别工作对象，并根据贫困地区经济社会的发展情况和国家扶贫政策体系的变迁进行适当调整，是实施扶贫战略的基本要求。

一、我国扶贫标准和扶贫对象规模的历史沿革

我国首次制定扶贫标准是在1986年启动大规模、有组织、有计划扶贫开发计划之时，以6.7万户农村居民家庭支出调查为基础，测算1986年扶贫标准为1985年农村人均纯收入206元。之后，逐年根据价格变动情况进行调整，并在若干年份根据扶贫开发目标任务的调整和贫困地区、贫困群众脱贫致富需求的变化进行了修订。2008年，根据党的十七大和党的十七届三中全会提出的战略部署，我国将扶贫标准提高至1196元，

2010年因农村居民消费价格变动情况调整为1274元。

除国家扶贫标准外,在长期的扶贫开发实践中,各省、自治区和直辖市根据本地区经济社会发展的实际状况和扶贫开发工作的需要制定了地区扶贫标准,使我国形成了国家扶贫标准和地方扶贫标准相辅相成的扶贫标准体系。

二、《中国农村扶贫开发纲要(2011—2020年)》实施期间的扶贫标准

2011年5月,党中央发布10号文件,颁布实施《中国农村扶贫开发纲要(2011—2020年)》。作为扶贫开发战略体系的基础性环节,扶贫标准的制定与调整以及工作对象范围的确定在新《中国农村扶贫开发纲要(2011—2020年)》中作出了明确的规划和部署,确定了依据。在第四条"指导思想"中提出,要"提高扶贫标准","把稳定解决扶贫对象温饱、尽快实现脱贫致富作为首要任务";在第七条"总体目标"中提出,"到2020年,稳定实现扶贫对象不愁吃、不愁穿,保障其义务教育、基本医疗和住房。"在第九条"扶贫对象"中提出,"逐步提高国家扶贫标准。各省(自治区、直辖市)可根据当地实际制定高于国家扶贫标准的地区扶贫标准。"

2011年11月召开的中央扶贫开发工作会议宣布,中央决定将农民人均纯收入2300元(2010年不变价)作为新的国家扶贫标准。这个标准比2009年提高了92%,对应的扶贫对象到今年底约为1.28亿人,占农村户籍人口的13.4%。

三、新扶贫标准的政策含义

在任何国家,扶贫标准都是动态调整的。大幅度提高扶贫标准,把更多低收入人口纳入扶贫范围,这是社会发展进步的体现,是扶贫力度加大的重要措施。大幅度提高国家扶贫标准,符合我国全面建设小康社会进程中扶贫开发工作的实际。首先,这个标准与到2020年稳定实现扶贫对象"两不愁、三保障"的奋斗目标相一致,不仅考虑了吃饭、穿衣、住房等基本生存的需要,也考虑了义务教育和基本医疗等发展的需要。其次,这个标准与"低保维持生存,扶贫促进发展"的工作定位相一致,考虑了扶贫对象发展生产、增加收入的需要,有助于缩小收入差距。第三,这个标准与各省(区、市)自定扶贫标准的情况基本一致。《中国农村扶贫开发纲要(2011—2020年)》颁布后,全国已有29个省区市提出了制定地方扶贫标准的意见。由于省际农民人均纯收入水平差距很大,2010年最高的四个省市(京、津、沪、浙)已超过万元,而最低的四个省(区、市)(云、贵、甘、青)尚不足4000元,其中最高的上海市为13978元,最低的甘肃省为3425元,相差4.08倍。因此,各省(区、市)一般是按本省(区、市)上年农民人均纯收入的25%—50%确定,收入水平高的省(区、市)比例定得低一点;收入水平低的省(区、市)比例定得高一点。目前,全国31个省(区、市)地方扶贫标准的平均值约为2200元。第四,这个标准稳妥可行。只要我们不断加大投入和工作力度,今后十年每年减少1000万以上的贫困人口是完全可以做到的。

今后，国家不再逐年公布扶贫标准和扶贫对象规模，只公布该群体收入增长及相关减贫情况；衡量扶贫工作成效主要看扶贫对象的收入增长和生活改善，而不是贫困人口减少的情况。国家扶贫标准主要用于贫困监测、工作评价和对外宣传。

集中连片特殊困难地区是
扶贫攻坚的主战场

《中国农村扶贫开发纲要（2011—2020年）》第十条指出："国家将六盘山区、秦巴山区、武陵山区、乌蒙山区、滇桂黔石漠化区、滇西边境山区、大兴安岭南麓山区、燕山—太行山区、吕梁山区、大别山区、罗霄山区等区域的连片特困地区和已明确实施特殊政策的西藏、四省藏区、新疆南疆三地州，作为扶贫攻坚主战场。"这是国家根据新形势和新任务的要求，对扶贫开发工作作出的重大战略调整，连片特困地区的确定，构建形成了"片区为重点，到村到户"的工作机制。

一、将连片特困地区确定为扶贫开发工作主战场的背景

近年来，随着各地区经济社会的快速发展，中西部一些地区经济社会发展严重滞后问题进一步凸显出来，贫困呈现出区域性、整体性特征，采取有针对性的特殊扶持举措，集中力量开展扶贫攻坚，帮助这些地区实现经济又好又快发展，是新

阶段扶贫开发工作面临的首要任务。

（一）确定连片特困地区为扶贫开发工作的主战场是我国经济社会发展的客观要求

连片特困地区包括了我国西部以青藏高原为核心的高寒地区、以黄土高原为核心的荒漠化地区、以云贵高原为核心的喀斯特石漠化地区和以南疆三地州为核心的沙漠化地区，是我国经济社会发展严重落后的贫困凹地。这些地区自然条件恶劣，地质灾害频发，地方病发病率居高不下，基础设施薄弱，社会事业落后，公共服务欠缺，产业发展缓慢，多为革命老区、民族地区、边疆地区。14个集中连片特殊困难地区中，农民人均纯收入2676元，仅相当于全国平均水平的一半，592个国家扶贫开发工作重点县，有431个在片区内。连片特困地区基本覆盖了全国绝大部分贫困地区和贫困人群，扶贫开发工作任务异常艰巨。这些地区长期贫困落后、发展缓慢势必会激化诸多社会不稳定因素，进而影响到地区稳定、民族团结和社会和谐。加大力度，强化手段，集中力量开展扶贫攻坚，帮助这些地区实现经济又好又快发展，帮助贫困群众增加收入和提高自我发展能力，是到2020年如期实现全面建设小康社会奋斗目标的必然要求，也是国家长治久安的必然要求。

（二）确定连片特困地区为扶贫开发工作的主战场是创新扶贫工作机制，打造全新工作平台的有效途径

随着《中国农村扶贫开发纲要（2001—2010）》目标任务的如期完成，我国贫困人口的分布规律出现了重大变化，由于

特殊的致贫原因，贫困人口相对集中在一些特殊区域。一方面这些地区区域发展整体性滞后，水、电、路、气、房等基础设施建设落后；文、教、卫、就、保等公共服务能力缺失。另一方面农村贫困群众收入水平低，增收缓慢，劳动力素质不高，自我发展能力差，加上自然、民族、历史、政治等多种复杂因素的共同作用，一般的经济增长已无法有效带动这些地区的发展，常规的扶贫手段也难以奏效。因此，确定连片特困地区为扶贫开发工作的主战场，针对不同片区存在的特殊困难和问题，由各级政府分别制定扶持规划，以区域发展带动扶贫开发，以扶贫开发促进区域发展，组织动员各相关部门和社会各界合力攻坚，共同打造推动规划实施的全新工作平台，形成连片特困地区、重点县、贫困村、贫困户四个层次协调推进的扶贫工作机制，进一步提高扶贫开发工作水平。

（三）国家经济多年的高速发展和扶贫工作积累的丰富经验为解决连片特困地区的问题提供了保障和可借鉴的方法

随着我国经济社会持续快速发展，综合国力越来越强，2010年我国财政收入已达到8.3万亿，"十二五"及未来更长一段时期将进一步增加，国家完全有能力在政策、资金、项目等方面对连片特困地区给予更大的支持。同时，多年的扶贫开发已经探索了"整合力量、连片开发，集中攻坚、综合治理"的成功经验。如四川甘、阿、凉地区实施三大民生工程的经验；云南布朗族、基诺族和瑶族综合扶贫开发的经验；广西东（兰）巴（马）凤（山）合力加快基础设施建设的经验；贵州晴隆的喀斯特地区产业开发与科技扶贫相结合的经验等等。从各方面考虑,国家已经具备集中力量解决连片特困地区问题的各种条件,这就需要我们进一步划定重点区域,制定区域发展和扶贫攻坚总体规划,集中人力、物力和财力,合力攻坚,着力解决制约发展的瓶颈问题,明显改善基础设施和社会服务水平,为这些地区实现又好又快发展奠定基础。

二、确定连片特困地区的原则、方法和结果

(一)连片特困地区的划分原则

连片特困地区是在充分认识贫困区域分布规律的基础上,系统分析不同区域自然地理特征进行划分的。一是集中连片,即自然地理相连、气候环境相似、传统产业相同、文化习俗相通、致贫因素相近的贫困县为一个片区;二是突出重点,即片区内县的各项经济指标要符合划分标准,同时对革命老区、民族地区、边境地区给予适当的倾斜;三是县为单位,即保持片区内各县级单位行政区划的完整,一个县不同时进入两个片区;四是片区跨省,国家片区一般为跨省片区,省内集中连片特殊困难地区可由各省自行划分。

(二)连片特困地区的划分方法

考虑到县域社会经济发展各项数据指标的准确性和可获得性,片区划分采用了县域农民人均纯收入、县域人均财政一般预算收入和县域人均国内生产总值三项指标为划分标准。三项指标2007—2009年三年平均值均低于西部平均值(人均地方生

产总值 13539.5 元；人均财政预算收入 599.7 元；农民人均纯收入 3642 元），且集中连片的县进入片区。

(三) 连片特困地区的基本情况

全国 14 个连片特困片区共包括 680 个县及县级单位，国土面积 392 万平方公里，2009 年，总人口 2.36 亿，其中乡村人口约 2.3 亿。按 2007 到 2009 年三年平均计算，这些县县域人均国内生产总值 6761 元；县域人均财政一般预算收入 272 元；县域农民人均纯收入 2677 元。有 431 个县属于扶贫开发工作重点县；有 183 个县属于革命老区县；有 370 个县属于少数民族县；有 54 个县属于边境县；有 448 个县属于地质灾害高发区县；有 661 个县属于地方病病区县；有 431 个县属于国家主体功能区规划中的限制开发区县和禁止开发区县。14 个片区基本覆盖了全国经济发展相对落后的县和贫困群众较为集中的地区，具有扶贫开发主战场的明显特征，符合我国新阶段扶贫开发工作的实际。

三、实施连片特困地区扶贫攻坚工程

《中国农村扶贫开发纲要（2011—2020 年）》要求，对连片特困地区要"加大投入和支持力度，加强对片区规划的指导和协调，集中力量，分批实施。各省、自治区、直辖市对所属连片特困地区负总责，在国家指导下，以县为基础，制定和实施扶贫攻坚工程规划。国务院各部门、地方各级政府要加大统筹协调力度，集中实施一批教育、卫生、文化、就业、社会保障等民生工程,培育壮大一批特色优势产业,加快区域性重要基础设施建设步伐,加强生态建设和环境保护,着力解决制约发展的瓶颈问题,促进基本公共服务均等化,从根本上改变落后面貌。各省、自治区、直辖市也可自行确定若干连片特困地区,统筹资源给予重点扶持。"根据这一要求,国务院扶贫办已做出部署,从2010年下半年开始,14个连片特困地区将分批制定和实施"扶贫攻坚工程规划"。目前武陵山片区的总体规划已制定完成,并启动实施。同时,片区产业建设和发展"十二五"规划、整村推进"十二五"规划、易地扶贫搬迁"十二五"规划等也正在制定中,这些规划编制完成后将和片区扶贫攻坚工程总体规划一起构成新阶段扶贫开发工作的规划体系,并按"分批实施"的原则逐步在连片特困地区实施。

继续做好重点县和贫困村扶贫工作

把连片特困地区作为扶贫攻坚主战场,是《中国农村扶贫开发纲要(2011—2020年)》对扶贫开发工作方向的重大突破,但是在全力抓好连片特困地区扶贫攻坚的同时,切不可忽视片区外的重点县和贫困村。

在我国扶贫开发的历史上,确定国家扶贫开发工作重点县(以下简称重点县)和贫困村并给予重点支持,是扶贫开发区域瞄准的主要方法,是扶贫工作的重要抓手和成功经验。《中国农村扶贫开发纲要(2011—2020年)》第十一条要求:"要做好连片特困地区以外重点县和贫困村的扶贫工作。原定重点县支持政策不变。各省(自治区、直辖市)要制定办法,采取措施,根据实际情况进行调整,实现重点县数量逐步减少。重点县减少的省份,国家的支持力度不减。"这是因为,除了连片特困地区,还有部分扶贫对象分布在片区以外的重点县和贫困村。如果这部分人的贫困问题不解决,那么,《中国农村扶贫开发纲要(2011—2020年)》确定的目标任务就无法实现。因此,尤其是涉及片区的省(区、市),一定要全面规划,统筹安排,科学合理利用扶贫资源,工作重心下沉到村,工作对象瞄准到户,扎实做好片区外重点县和贫困村的扶贫开发工作,防止顾此失彼，确保全国人民共同实现全面小康。

一、继续做好重点县扶贫开发工作

1986 年以来，国家先后三次确定和调整扶贫开发县级扶持单位。1986 年确定 331 个国家贫困县。1994 年，为了组织实施《国家八七扶贫攻坚计划》，对贫困县进行了第一次调整，国家贫困县增加到 592 个。2001 年，配合《中国农村扶贫开发纲要（2001—2010 年）》的出台，对贫困县进行了第二次调整，根据新的战略布局安排，为了明确新形势下扶贫开发工作重点区域、突出扶贫开发的工作力度和效果，将贫困县改为重点县，明确东部地区不再确定重点县，在中西部地区确定了 592 个重点县，同时西藏作为集中连片贫困区域全部享受重点县待遇。

为鼓励各省切实按照经济社会发展水平对重点县进行调整，实现重点县数量逐步减少，促进扶贫资源科学配置，《中国农村扶贫开发纲要（2011—2020 年）》明确提出，"重点县减少的省份，国家的支持力度不减"。各省对退出的县，包括本次调整和"十二五"期间退出的县，区别不同情况继续给予政策扶持，可考虑将退出的县列为省（区、市）定重点县进行扶持。同时加强对重点县的绩效考评，完善激励和约束机制。

现行各项扶贫政策在实践中被证明确实是行之有效的，对重点县的经济社会发展起到了重要的促进作用。维持原定重点县支持政策不变，有利于保持政策连续性，给重点县吃了一颗定心丸，消除了重点县的担心和顾虑。

二、扎实做好贫困村扶贫工作

2001年,国家颁布实施《中国农村扶贫开发纲要(2001—2010年)》,扶贫工作重心下沉,在继续支持国家扶贫开发工作重点县的同时,确定了15万个贫困村,在群众参与下制定整村推进扶贫规划,分期分批实施,进一步强化了扶贫到村、工作到户的工作机制。

《中国农村扶贫开发纲要(2011—2020年)》明确提出,新阶段扶贫开发要坚持片为重点、工作到村、扶贫到户的工作机制。贫困村是贫困农户集中生活居住的地方,做好贫困村扶贫开发工作,能够有效地瞄准最贫困的人口,集中力量解决影响贫困群众脱贫致富的最突出制约因素,是实现对困难地区、重点县支持的重要基础,是扶贫到户的有效抓手。

做好贫困村扶贫开发工作要坚持基础设施与产业发展相结合、人居环境改善与自然生态修复相结合、产业发展与社会事业配套建设相结合,以提升贫困农户自我发展能力、改善贫困群众生产生活条件、培育特色优势产业为重点,对贫困村的基础设施、产业发展、社会管理等全面规划:一是拓宽贫困群众基本的增收渠道。重点是培育和发展基础产业、特色产业;二是改善贫困村的基本生产生活条件。要把改善基础设施和生产生活条件摆在突出位置,不断加强通村公路、基本农田、设施农业等基础设施和生态环境建设,努力提高贫困地区的综合生产能力和可持续发展能力;三是加大科技扶贫、教育扶贫力度,提高贫困群众的基本素质和自我发展能力。

构建三位一体大扶贫格局

目前，我国总体上进入以工促农、以城带乡发展的新阶段，同时以人为本、关注民生的执政理念进一步落实，扶贫开发呈现专项扶贫、行业扶贫和社会扶贫等多方力量、多种举措有机结合、互为支撑的"三位一体"大扶贫新局面。专项扶贫主要指国家安排专门投入、各级扶贫部门组织实施，直接帮助最贫困乡村、最贫困人口；行业扶贫主要指各行业部门支持贫困地区和贫困人口发展的政策和项目，承担着改善贫困地区发展环境、提高贫困人口发展能力的任务；社会扶贫主要指社会各界参与扶贫开发事业，从不同角度扩大扶贫资源，提高扶贫工作水平。

专项扶贫要加大力度，重点实施易地扶贫搬迁、整村推进、以工代赈、产业扶贫、就业促进、革命老区建设和探索性扶贫试点。行业扶贫要明确责任，加大对贫困地区、贫困人口的倾斜力度。社会扶贫要拓宽渠道，提升水平。专项扶贫、行业扶贫和社会扶贫是国家扶贫战略的完整体系，要互为支撑，相互呼应，共同促进贫困地区加快发展，促进贫困人口脱贫致富。

稳步推进易地扶贫搬迁

易地扶贫搬迁，是多年来扶贫开发的一个重要方式。在坚持群众自愿的原则下，政府安排补助投资为搬迁群众建设住房等基本生产生活设施，帮助生活在缺乏基本生存条件地区的农村贫困人口通过搬迁走向脱贫致富之路。《中国农村扶贫开发纲要（2011—2020年）》第十二条要求："坚持自愿原则，对生存条件恶劣地区扶贫对象实行易地扶贫搬迁。引导其他移民搬迁项目优先在符合条件的贫困地区实施，加强与易地扶贫搬迁项目的衔接，共同促进改善贫困群众的生产生活环境。充分考虑资源条件，因地制宜，有序搬迁，改善生存与发展条件，着力培育和发展后续产业。有条件的地方引导向中小城镇、工业园区移民，创造就业机会，提高就业能力。"

一、易地扶贫搬迁政策的实施情况

中国政府有计划、有组织、大规模的扶贫开发工作是从"三西"地区农业建设开始的，自愿移民扶贫方式也是由此起步的。在"三西"农业建设中，一个重要的手段就是将定西和西海固地区的部分贫困农户在自愿的原则下迁移到新开发区，使定西和西海固的农户人均耕地增加，改变生产结构，彻底解决贫困问题。此后，对缺乏基本生产生活条件的少数特困村，按农民自愿的原则实行开发式移民，在全国扶贫开发工作中逐步推广。

2001年以来，为探索扶贫开发新举措，经国务院批准，针对生活在缺乏基本生存条件地区的农村贫困人口，国家发展改革委安排国债和中央预算内投资在中西部地区部分省（区、市）组织实施了易地扶贫搬迁试点工程。中央补助资金主要用于为搬迁群众提供基本的生产生活条件和必要的生活设施，建设内容包括住房、基本农田、水利设施、乡村道路及必要的教育、文化、卫生等基础设施。中央补助投资不得用于生产经营性项目，包括设备购置、运输工具、加工项目等以及土地和房屋的征用补偿费；中央投资人均补助原则上不超过5000元，其中地质灾害避让搬迁的标准控制在3000元以内。

为保障此项工作顺利开展，国家发展改革委印发了《关于易地扶贫搬迁试点工程的实施意见》，明确了"政府引导，群众自愿，政策协调，讲求实效"的指导方针，并提出了六项原则：一是坚持扶贫与生态建设相结合的原则。开展工作时，要在有关省（区、市）的生态建设规划和扶贫规划的指导下，与退耕还林还草、天然林资源保护、生态环境重点治理工程等各项治理措施相结合，努力实现减贫和生态的双重目标。二是坚持群众自愿的原则。实施易地扶贫搬迁，政府引导和动员群众积极参与是关键。在组织实施过程中，要始终强调群众自愿，严禁强迫命令。同时要把安置群众能够"安居乐业"作为整个工作的核心内容。三是坚持统筹安排、政策保障的原则。实施

稳步推进易地扶贫搬迁

易地扶贫搬迁是一项系统工程，它涉及经济、社会、户籍、土地、民族等多方面的问题，政策性强，操作复杂。因此，在具体组织实施过程中强调，除了做好工程建设方面的工作以外，更为重要的是在群众安置和土地调整等方面给予全面考虑，做到统筹安排，综合考虑。四是坚持先开发，后搬迁的原则。为使易地扶贫搬迁群众具备生产生活条件，必须做到先开发，后搬迁，或搬迁与开发并举。要使群众在迁入地能够较好地自我发展，并使开发建设和当地产业结构调整结合起来，确保被安置群众"搬得出、稳得住、能发展、可致富"。五是坚持因地制宜、讲求实效的原则。各地要根据迁出、迁入地的资源和环境条件确定合理的迁移和安置方案。开展易地搬迁不搞统一模式，宜集中则集中安置、宜分散则分散安置，宜插花则插花安置。单个安置点的规模可大可小、安置形式可以多种多样。六是坚持量力而行、循序渐进的原则。易地扶贫搬迁工作涉及面广、政策性强、操作复杂，各地要根据国家和自身财力的可能有计划、有组织、分阶段逐步推行。

2001—2010年，国家共安排专项补助投资132亿元，在17个省（区、市）开展了易地扶贫搬迁试点工程，取得了显著成效。

——切实改善了群众的生存和发展条件。十年间，在中西部省份深山、石山区的农村贫困地区累计搬迁贫困群众286万人。通过加强安置区的住房、农田水利、乡村道路、人畜饮水、农村能源、教育医疗等方面基础设施建设，有效地解决了出行难、吃水难、就医难、上学难等现实问题，使搬迁群众的生产条件和生活质量有了大幅提高，为实现脱贫致富奠定了坚实的基础。

——各地按照国家政策要求,以安置区为载体,以易地扶贫搬迁资金为引导,积极整合了大量的相关政府支农投资共同解决教育、卫生、产业发展等问题,帮助搬迁群众逐步走上了脱贫和发展之路。

——人口搬迁后,缓解了迁出区的人口压力,并通过与退耕还林、天然林保护等生态工程相结合,促进迁出区的生态得到较快恢复,同时实现了人与自然的和谐发展。目前,这项工程基本实现了第一年实施工程建设,第二年组织群众搬迁,第三年搬迁群众稳定下来,随后收入逐年增加,稳步走上脱贫致富奔小康之路。

二、加大易地扶贫搬迁政策实施力度的必要性

目前,贫困程度较深的农村贫困人口,大部分集中分布在深山石山区、高海拔地区、重要生态功能区以及荒漠化严重地区等特殊类型地区,集中连片特困地区的区域性贫困问题依然突出。特殊的自然地理和人文环境、落后的发展方式以及教育、医疗卫生、就业和社会保障等基本公共服务能力不足,导致这些地区贫困量大、面广、程度深,部分地区如期实现全面建设小康社会目标的难度较大。由于所处地域的自然资源贫乏,生态环境恶劣,脱贫难度相对较大,按照常规扶贫方式,不仅扶贫成本高,而且扶贫效果较差,返贫问题严重。实践证明,易地扶贫搬迁是解决扶贫工作领域中这一"最难啃的硬骨头"的重要途径,能够有效解决特殊贫困人口的脱贫和发展问题,大

力推进我国缓解和消除贫困的进程，确保我国全面建设小康社会奋斗目标的如期实现。

三、进一步加强易地扶贫搬迁的政策措施

为贯彻落实好《中国农村扶贫开发纲要（2011—2020年）》提出的新任务，继续更好地发挥易地扶贫搬迁政策的作用，积极稳妥地推进易地扶贫搬迁工作，国家在总结十年工作成效的基础上，结合《易地扶贫搬迁"十二五"规划》编制工作，将进一步调整和完善易地扶贫搬迁政策。新时期，易地扶贫搬迁工作将继续坚持开发式扶贫的方针，坚持"政府主导、群众自愿、统筹协调、因地制宜、量力而行、稳步推进"的原则，深入开展易地扶贫搬迁工作。

国家易地扶贫搬迁工作将在国务院扶贫开发领导小组的统一领导下开展，由各省（区、市）政府负总责，项目县组织实施。跨县的搬迁工程由省（区、市）级政府统一协调。国家发展改革委和国务院扶贫办根据中央有关要求，制定国家易地扶贫搬迁规划，编制下达年度投资计划，提出政策建议和实施意见，协调国务院有关部门共同积极稳妥地推进易地扶贫搬迁工作。地方发展改革和扶贫部门在本级政府的领导和上级部门的指导下，会同相关部门组织开展本地易地扶贫搬迁工作。

各地根据中央有关政策要求和规划，结合当地实际，在摸清土地、水利等安置资源的前提下，科学评估，广泛论证，处理好需求与可能、近期与长远、扶贫与生态的关系，制定易地扶贫搬迁规划。规划要符合当地县域经济发展的总体要求，与

相关行业规划相互衔接，纳入当地国民经济和社会发展规划，突出科学性、严谨性和可操作性。依据规划建立项目库，做好项目储备。按照规划有计划、有组织、分阶段地开展搬迁工作。

各地依据规划因地制宜编制实施方案，主要内容包括安置地选择、搬迁对象确定、搬迁方式、安置方式、安置地项目建设、资金筹措、后续发展途径、配套政策措施以及搬迁和安置工作的组织实施，重点解决搬迁群众的基本生产生活和后续发展途径问题。对少数民族人口的搬迁，统筹考虑传统生活方式和民族习惯。

易地扶贫搬迁试点工程按照项目管理，省级按照建设程序对实施方案履行审批手续。对于住房、道路、农田水利、教育卫生、生态工程等基础设施建设项目要进行分类审批。其中，规模较大的单项工程按照管理权限单独审批；对于群众搬迁安置、配套政策等搬迁安置方案，由地方政府提出审批意见。实施过程中，按照国家有关规定做好计划执行、资金使用、工程项目管理等工作，建立监督检查制度和公告、公示制度，主动接受干部群众、新闻媒体及社会各界的监督。

易地扶贫搬迁试点工程涉及生态、基础设施、社会事业、住房、产业结构、劳动力培训等多方面建设内容。中央补助的易地扶贫搬迁专项资金只能满足搬迁群众最基本的生产生活需要，涉及搬迁群众技能培训、后续发展和生态环境建设等问题，需要其他相关资金支持。各地在实施过程中，按照中央关于积极整合政府支农投资的要求，充分利用现有的中央支农投资渠道，以安置点为载体，按照"统一规划、集中使用、渠道不乱、用途不变、各负其责、各记其功"的原则，引导生态、扶贫、水利、交通、农业综合开发等资金共同促进安置区经济社会发展，发挥资金整体效益。同时，各地以政府投资为引导，通过市场机制积极吸引社会投资合理开发安置区资源，促进相关产业发展，帮助搬迁群众脱贫致富。

易地扶贫搬迁试点工程所需投资由中央、地方、搬迁群众共同承担。中央专项安排易地扶贫搬迁投资，属中央补助性投资。地方政府结合自身财力安排一定的配套投资。条件允许地区，在群众自愿的前提下，搬迁群众就住房等直接受益工程适当承担部分费用。中央补助投资用于建设搬迁群众基本的生产设施和必要的生活设施，包括住房、基本农田、水利设施、乡村道路及必要的教育、文化、卫生等设施。中央补助投资不得用于生产经营性项目，包括设备购置、运输工具、加工项目等以及土地和房屋的征用补偿费。

各地在组织实施过程中，结合本地实际，研究制定税收、土地、宅基地、户籍、子女入学、就业、计划生育等方面的配套政策。积极研究探索扶持安置区产业开发、结构调整、培育经济增长点等促进经济长期稳定发展的途径，增强自我积累和发展能力；加强劳动力技能培训，拓宽就业和增收渠道，确保搬迁群众安居乐业，实现"搬得出、稳得住、能发展、可致富"的目标。

实施易地扶贫搬迁试点工程，搬迁群众是主体。地方各级政府在做好宣传引导、组织服务、落实政策工作的同时，充分征求群众意见，尊重搬迁群众意愿。鼓励和吸引搬迁群众积极参加直接受益工程建设，发挥群众自力更生精神，建设新家园，创造新生活。

继续扎实开展贫困村整村推进

整村推进是本世纪最初 10 年我国农村扶贫开发工作的重要措施之一，《中国农村扶贫开发纲要 (2011—2020 年)》第十三条要求"结合社会主义新农村建设，自下而上制定整村推进规划，分期分批实施。发展特色支柱产业，改善生产生活条件，增加集体经济收入，提高自我发展能力。以县为平台，统筹各类涉农资金和社会帮扶资源，集中投入，实施水、电、路、气、房和环境改善'六到农家'工程，建设公益设施较为完善的农村社区。加强整村推进后续管理，健全新型社区管理和服务体制，巩固提高扶贫开发成果。贫困村相对集中的地方，可实行整乡推进、连片开发。"

一、前十年整村推进实施情况

整村推进是贫困地区建设社会主义新农村的重要措施、平台和抓手。它以贫困村为基本单元，按照因地制宜、分类指导、资源整合、群众参与的原则，通过改变生产生活条件的基础设施建设、提高人口素质的社会事业建设、增加农民收入的产业建设、改变村容村貌的文明新风建设，规范有序的民主政治建设和以班子建设为核心的村级组织建设,促进贫困村经济社会全面发展,为贫困地区构建和谐社会和全面建设小康社会奠定坚实基础。

2001年,《中国农村扶贫开发纲要(2001—2010年)》颁布实施以后,为适应当时农村贫困状况"大分散、小集中"的特点,在总结"八七扶贫攻坚计划"后期开展贫困村建设经验的基础上,根据扶贫工作重心下沉、进村入户的要求,国务院扶贫开发领导小组明确提出将整村推进作为2001—2010年十年扶贫开发的首要重点工作,要求各省(区、市)认定贫困村,在群众参与的基础上编制规划,分年度组织实施。到2002年,全国确定了15万个贫困村,占当时全国行政村总数近1/4。其中,西部占46.0%,中部占40.5%,东部占13.5%,覆盖了80%左右的贫困人口。截至2010年底,全国已有12.6万个贫困村实施了整村推进,占总数的84%。已完成整村推进的村,贫困群众收入和生活水平显著提高,基本生产、生活条件和公共服务明显改善,贫困农户的自我发展能力不断提高。

实践证明,整村推进是扶贫开发的一项创举,不仅改善了贫困村的生产生活条件,解决了贫困人口的温饱和增收问题,提高了贫困群众的自我发展能力,也打造了扶贫工作进村入户的平台,成为大扶贫的重要抓手和载体,深受贫困地区广大干部群众的拥护。整村推进加快了贫困地区新农村建设的进程,为全国全面建设小康社会做出了重要贡献。

二、新阶段大力实施整村推进的重大意义

随着科学发展观的贯彻落实和经济发展方式的转变,贫困

地区的扶贫开发也迎来了前所未有的历史机遇，提高发展能力、加快脱贫致富、缩小发展差距是新阶段农村扶贫开发的重要任务。在大扶贫的格局下，中央各项惠农支农政策向贫困地区大力倾斜、财政扶贫资金逐年增长，社会资源对贫困地区关注度越来越高，为整村推进构建起了良好的外部环境和有力的支持系统。在认真总结前十年整村推进工作经验的基础上，以党的十七届三中、五中全会精神为指导，深入贯彻落实科学发展观，以提升贫困农户自我发展能力、改善贫困群众生产生活条件、培育特色优势产业、提高农村劳动力素质为重点，继续实施整村推进，有效瞄准最贫困的人口，集中力量解决影响贫困群众脱贫致富的最突出制约因素，是实现对困难地区、重点县支持的重要基础，是扶贫到户的有效途径，是整合各项资源的理想平台。所以，整村推进是新阶段集中连片特殊困难地区扶贫攻坚工程的重要组成部分，是改变贫困乡村落后面貌的基本依托，是实现贫困农户脱贫致富的主要抓手。

三、新阶段实施整村推进的目标和关键环节

为了认真落实《中国农村扶贫开发纲要（2011—2020年）》提出的工作目标，提高新阶段整村推进工作水平，国务院扶贫办联合国家发改委、财政部等有关部门共同编制"十二五"扶贫开发整村推进规划。"十二五"期间，国家将重点在集中连片特困地区和片区外重点县选定30000个贫困村，分期分批组织实施整村推进。

(一) 因地制宜选定贫困村，自下而上制定规划

总结过去十年整村推进工作，仍然有一些亟待解决的问题，主要有贫困村选择的准确性有待提高、群众的参与程度不高、资金整合投入力度不够等。分析产生这些问题的原因，归根结底是对整村推进规划的重要性认识不足、准备工作不充分、规划能力较低。只有把规划编制好，才能有一个清晰的发展目标、具体的建设内容、明确的部门职责、规范的项目管理流程、稳定的投入机制以及有效的监测评价体系，才能提高扶贫系统工作的能力和水平。

"十二五"期间，国家将组织实施3万个贫困村的整村推进，平均每年安排6000个。贫困村的确定以省为主，利用两项制度有效衔接试点的成果，坚持自下而上、逐级赋值平衡的原则，科学选择贫困村。贫困村主要分为三类：第一类是未实施过整村推进任务的行政村；第二类是已实施整村推进但投入明显不足，预期目标未完成的行政村；第三类是因灾因病返贫的行政村。贫困村选定后，要坚持因地制宜，分类指导的原则，分层级组织编制规划，中央负责汇总编制总体规划，组织培训工作；省（区、市）级扶贫办负责调研摸底工作，负责汇总编制详细规划；县级扶贫办负责编制实施规划。

(二) 全面整合各类资源资金，建立新型农村社区

根据不同区域贫困村的自然条件、发展程度、开发成本等因素，以行政村内的中心自然村为重点，发挥其辐射带动作用。人口规模中等的贫困村，整合投资不低于300万元，其中中央

财政扶贫资金投入不低于100万元。中央财政扶贫资金由各省（区、市）从到省资金中统筹安排，并确保70%用于贫困群众产业开发等增收项目。贫困村的基础设施建设主要依靠行业部门投入。整村推进的资金来源主要有三类：第一类是财政资金，包括中央财政扶贫资金、行业部门资金以及省市（地、州）政府配套资金；第二类是信贷资金，包括扶贫贴息贷款和商业银行贷款；第三类是群众自筹和投工投劳。

围绕改善贫困村的生产生活条件，把民生工程和生计建设作为重点。(1) 以贫困村内基础设施建设为突破口，着重解决村内行路、饮水、用电、就学、就医等民生问题，使贫困村基本民生状况有明显改善；(2) 以产业发展等生计建设为重点，因地制宜，注重特色，优化结构，提高效益，积极培育发展特色增收和防灾减灾产业，加快推进贫困地区农村农林牧业产业化进程；(3) 以提高农民收入为目标，加大贫困村农牧民从事农牧业生产和外出务工技能培训，提高贫困人口自我发展能力；(4) 坚持贫困村综合治理，全面发展，加强贫困村乡风文明和村级班子建设。

(三) 注重产业发展，促进贫困人口增收

要因地制宜为贫困村、贫困农户探索产业发展的路子，积极培育发展特色增收和防灾减灾产业，并完善产业发展的配套服务，全面促进贫困农户增收致富。要加大良种良法等农业适用技术、农业生产技能培训、远程教育接收点、农村科技服务体系、农村基层组织建设等工作力度，增强贫困群众从事农业生产经营活动能力，加大劳务输出人员技能培训，进一步提高

贫困村和贫困人口的自我发展能力。

（四）加强对整村推进的监督管理

要尊重和落实贫困群众对扶贫项目的知情权、选择权、参与权和监督权，让群众积极参与项目的规划、实施、监督、验收和管理全过程，激发贫困群众参与扶贫开发的积极性。执行扶贫项目公示和项目决算公告制度，提高扶贫项目管理和资金使用情况的透明度。探索建立科学规范的统计监测、总结评价机制，加强整村推进工作的动态、量化和科学化管理。

大力实施以工代赈工程

以工代赈,是由政府投资建设公共基础设施工程,受赈济者参加工程建设并获得劳务报酬,以此取代直接救济。现阶段,以工代赈是我国一项重要的农村扶贫政策。20世纪80年代以来,为进一步加大扶贫开发力度,国家设立了以工代赈专项扶贫资金,组织项目区贫困群众开展以工代赈工程建设并发放劳务报酬,在改善贫困地区生产生活条件的同时,增加贫困农民收入。自1984年起,国家及相关省(区、市)各级政府在发改(计划)部门成立了专门机构负责管理以工代赈工作。《中国农村扶贫开发纲要(2011—2020年)》第二十条要求:"大力实施以工代赈,有效改善贫困地区耕地(草场)质量,稳步增加有效灌溉面积。加强乡村(组)道路和人畜饮水工程建设,开展水土保持、小流域治理和片区综合开发,增强抵御自然灾害能力,夯实发展基础",为今后十年的以工代赈工作指明了方向和任务。

一、以工代赈政策实施情况

根据国务院有关要求,以工代赈主要用于贫困地区的基本农田、小型水利、乡村道路、人畜饮水、小流域治理等基础设施建设，着力改善生产生活条件和发展环境，同时，贫困地区当地农民群众参加工程建设并获得劳务报酬，从而直接增加家庭收入。自1984年以来，以工代赈建设主要分为两个阶段。第一阶段，1984—1995年，以粮食、棉花、布匹和中低档工业品等实物形式。第二阶段，1996年至今，以中央投资形式。多年来，以工代赈工程在农村贫困地区取得了显著的建设成效。

——中央安排专项资金，组织贫困地区的劳动力建设了一大批农村小型基础设施工程，改善了生产生活条件和发展环境，为经济社会长期发展打下了较好的基础。其中，"十一五"期间，累计安排中央投资247亿元，在以国家扶贫开发工作重点县为主体的农村贫困地区新建和改造基本农田400多万亩；新增和改善农田灌溉面积5000多万亩；修建乡村公路10万多公里，独立桥涵1.7万延米；通过实施农村水源工程解决908万人、549万头大牲畜的饮水困难；通过采取工程措施和生物措施，初步治理流域面积1.2万平方公里；建设草场1200多万亩。农村贫困地区交通状况、农田水利设施和生态环境等条件得到大幅改善。

——参加工程建设的当地贫困群众能够得到以工代赈劳务报酬，直接增加收入。在上述工程建设中，有70多亿元以劳务报酬的形式在投资计划中单列，及时足额发放给当地务工群众，直接增加了贫困农民的收入。

——缓解贫困地区的农村劳动力剩余问题，并激发贫困群众自力更生、艰苦奋斗的精神，摆脱"等、靠、要"等思想。其中，为减缓金融危机对农村贫困地区的冲击，从2008年第四季度起，国家在扩大内需中央预算内投资中连续三年安排以工代赈示范项目，为返乡农民工创造了大量的临时就业机会，较好地维护了社会的稳定。长期以来，以工代赈政策为改善生产生活条件、增加农民收入、消除贫困、促进贫困地区发展做出了重要贡献，受到农村贫困地区干部群众的普遍欢迎和衷心拥护，被广泛誉为德政工程、民心工程。

二、加大以工代赈政策实施力度的必要性

多年来，在中央的大力支持和贫困地区干部群众的共同努力下，我国贫困地区的整体发展环境和脱贫致富基础不断改善和增强，但同时，我国部分贫困地区特别是中西部集中连片特殊困难地区整体发展水平依然很低，扶贫任务依然艰巨，农村小型基础设施建设的任务依然十分繁重。截至2010年底，我国尚有农村贫困人口2688万人。按照《中国农村扶贫开发纲要（2011—2020年）》要求，随着扶贫标准进一步提高，我国农村贫困人口的规模将会进一步增加。同时，初步解决温饱的人口，经济基础尚不稳定，承受环境变故的能力尤其脆弱，因病因灾返贫的现象十分突出，稳定解决温饱的压力很大。特别是在边境民族聚居区、高海拔地区、重要生态功能区、荒漠化严重地区和深山石山区等特殊类型和集中连片贫困地区的区域性贫困问题依然十分突出。由于所处地域的自然资源贫乏，生态环境恶劣，脱贫难度较大，扶贫成本较高。

进入新世纪以来，我国的综合国力和经济实力显著增强。可以预见，在未来一段时期，我国经济社会发展的基本面和长

期向好的态势将会继续保持下去。随着我国经济社会的持续快速发展，经济实力和综合国力日益增强，国家有能力也有必要进一步加大对中西部欠发达地区特别是贫困地区的支持力度。最近几年，党中央、国务院先后颁布实施了促进西藏、四省藏区、重庆、云南、新疆、内蒙古等一系列促进地区经济加快发展的区域规划和政策文件，需要进一步加大对贫困地区的支持力度。新形势下，对加大以工代赈政策实施力度提出了新的更高要求。

三、进一步加强以工代赈扶贫的政策措施

为认真贯彻实施《中国农村扶贫开发纲要（2011—2020年）》提出的工作要求，国家发展改革委目前正在编制《以工代赈建设"十二五"规划》，先后赴多个省区的贫困地区开展了大量的调研工作。根据党中央、国务院有关要求，结合当前的扶贫形势和任务，"十二五"期间国家将进一步完善以工代赈的政策内涵、计划管理、资金安排、项目实施方式，进一步提高相关配套政策的时效性、针对性和可操作性。

（一）指导地方编制以工代赈建设"十二五"规划

要求地方发展改革部门按照当地国民经济和社会发展规划，在国家以工代赈建设规划指导下，以县级规划为重点，编制本地区以工代赈建设"十二五"规划。以工代赈建设规划要以贫困乡村为重点，加强贫困农民直接受益的项目建设，做好以工代赈资金与政府有关支农资金的沟通衔接，提高以工代赈资金的使用效益。对道路交通、农田水利等投资量大、覆盖面广、

延伸性强的建设领域，以工代赈主要开展骨干工程的延伸配套工程建设；对有关专项规划尚未完全覆盖的领域和偏远贫困乡村，以工代赈继续发挥小型农业基础设施建设的主导作用。省（区、市）级发展改革部门要认真编制以工代赈项目建设规划。要坚持以国家政策为导向，因地制宜、突出重点、综合平衡、统筹安排，切实提高省（区、市）级以工代赈项目建设规划的指导性、约束性和可操作性，并进一步做好与新农村建设、扶贫开发、农村公路建设、农村饮水安全、退耕还林还草等相关项目规划的衔接，积极发挥各项支农资金和政策的整体效益，共同推动贫困地区经济社会加快发展。

（二）开展集中连片开发，实现整体推进

在开发式扶贫进程中，将六盘山区、秦巴山区、武陵山区等十一个特殊连片贫困地区和已明确实施特殊政策的西藏、四省藏区、新疆南疆三地州作为以工代赈扶贫攻坚的主战场。各级发展改革部门要与有关部门密切配合，因地制宜确定各个片区的建设思路和重点任务。在贫困人口相对集中、脱贫任务艰巨、生产生活条件薄弱的贫困乡村，实施以工代赈连片综合开发工程。通过以工代赈连片开发建设，努力实现整体推进，切实改善贫困乡村的生产生活条件和发展环境。

（三）加强项目前期工作，建立和完善以工代赈项目库

建立和完善以工代赈项目储备库是做好规划编制和计划管理工作的一项基础性工作。按照"省管项目"的原则，各地在明确目标、任务和重点的基础上，科学论证、动态调整，建立

并不断完善省（区、市）级以工代赈项目储备库，并做好与当地有关扶贫项目的衔接。在安排以工代赈年度计划时，原则上从项目储备库中选择，做到按规划立项、按项目安排投资，按项目组织建设。

（四）增强群众参与度，做到阳光操作

根据《国家以工代赈管理办法》，研究农民群众自主参与以工代赈建设的机制和办法，提高群众参与度。在以工代赈建设中，除技术复杂的工程项目外，积极组织和吸纳项目区群众参加建设，在改善生产生活条件的同时，获得劳务报酬，增加收入。同时，地方要加强对以工代赈政策和项目的宣传，做到事先公正、事前公示、事后公开，使群众享有知情权、参与权、选择权和监督权。

（五）稳定以工代赈投入，多渠道筹措资金

"十二五"期间将考虑国家财力可能，积极扩大以工代赈投资规模，认真落实国家关于减免地方配套投资的要求。省（区、市）级政府和有关部门应当按照量力而行、积极配套的原则，加大对以工代赈项目建设的投资力度。同时，根据中央关于积极整合政府支农投资的要求，以改善区域整体发展环境为目标，按照"统一规划、集中使用、渠道不乱、用途不变、各负其责，各记其功"的要求，引导各级政府相关支农投资共同投向贫困乡村，发挥各项资金的整体效益。

（六）加强资金管理和项目建设

在资金管理上，按照国家政策要求，建立完善高效的管理体系，做好计划执行、资金使用、工程建设、项目验收等各项工作。积极配合纪检、监察、审计等部门做好资金项目的检查和审计工作。同时，严格落实以工代赈劳务报酬政策，地方发展改革部门应当责成项目实施单位组织项目所在地的农民参加工程建设，并及时、足额发放劳务报酬，严禁克扣和拖欠。

加快推进产业扶贫

产业扶贫是我国专项扶贫工作的重要组成部分,是提高贫困人口自我发展能力,实现脱贫致富的主要途径。《中国农村扶贫开发纲要(2011—2020年)》在专项扶贫一节中单列一条指出:"充分发挥贫困地区生态环境和自然资源优势,推广先进实用技术,培植壮大特色支柱产业,大力推进旅游扶贫。促进产业结构调整,通过扶贫龙头企业、农民专业合作社和互助资金组织,带动和帮助贫困农户发展生产。引导和支持企业到贫困地区投资兴业,带动贫困农户增收。"还在行业扶贫、政策保障等部分对产业发展进行了重要论述,提出了具体的目标、任务和要求,充分体现产业扶贫工作在未来十年扶贫攻坚中的战略地位。

一、加快推进产业扶贫的重要意义

我国总体上已经进入到以工促农,以城带乡的发展阶段。加快改造传统农业,着力破除城乡二元结构,形成城乡经济社会发展一体化新格局,已经成为三农工作的主旋律。在这一背景下,我国扶贫开发也从以解决温饱为主要任务的阶段转入到巩固温饱成果、加快脱贫致富、改善生态环境、提高发展能力、缩小发展差距的新阶段。加快推进产业扶贫是实现新纲要奋斗目标和主要任务的重大举措，是贯彻开发式扶贫方针的重要体现，是实施连片特困地区扶贫攻坚的必然要求，是新阶段构建大扶贫格局的最佳结合点。

二、着力提升"十二五"产业扶贫工作水平

"十一五"时期，我国产业扶贫工作得到了长足的发展。扶贫龙头企业带动能力进一步增强，农民专业合作社和互助资金组织迅猛发展，连片产业开发成效进一步凸显，扶贫金融合作稳步推进，贫困地区产业结构进一步优化，贫困人口得自产业扶贫的实惠越来越多。在此基础上，深入总结"十一五"产业扶贫的经验与成就，开创"十二五"产业扶贫新格局，必须着力提升产业扶贫工作水平。

（一）产业扶贫必须立足于贫困户的持续稳定增收

"十一五"时期开展的"两项制度衔接"为新阶段产业扶贫提高贫困瞄准度和产业覆盖率打下了坚实的基础，也为实现纲要确定的"力争实现1户1项增收项目"的目标提供了有利的条件。"十二五"产业扶贫必须实现产业发展的到村到户，建立贫困户能够直接参与的增收致富产业，实现持久稳定脱贫。

（二）产业扶贫必须以行政村（或自然村）为单元构建连片产业开发平台

连片产业开发是"十一五"产业扶贫的成功经验，新时期

必须一以贯之地予以继续坚持和完善。其中的关键点在于，要进一步明确以村庄为单元的连片产业开发平台建设。行政村是我国基层管理单位和集体经济的代理人，在扶贫产业开发中具有举足轻重的地位，特别是连片产业建设中土地流转等关键环节，更离不开行政村（或自然村）的直接参与，对于跨村跨乡的土地流转行为，就更是如此。

（三）产业扶贫必须坚持经营性收入和资产性收入并重的原则

在贫困地区搞扶贫产业开发，特别是农林特产业的开发面临着自然和市场双重风险的威胁。实现贫困农户的持续稳定增收，不仅要注重产业发展过程中农户经营性收入的提高，更要逐步提高产业发展中农户资产性收入的比例。相对而言，资产性收入比较稳定、可靠，受市场的随机性冲击较小。"十一五"时期，一些地方，特别是集体林权制度改革较为彻底的地区，已经探索出通过增加资产性收入，实现贫困户持久脱贫的成功范例。

（四）产业扶贫必须坚持因地制宜发展特色优势产业

产业发展有特色才有优势，有特色才有活力。"十一五"连片开发实践的重要经验，就是因时因地制宜地发展特色优势产业。这一特色产业是立足当地的自然资源、产业基础、人力条件和配套设施，是在一定区域范围内具有市场细分优势的产业，而不是泛泛的在全县、全市、全省乃至全国具有竞争（比较）优势的产业。同时，这一特色产业必须是扎根于当地贫困群众基础、具有深厚种养传统和发展前景的产业。

（五）产业扶贫必须进一步创新集体经济的实现形式

中国特色扶贫开发道路的一个突出特征是在政府主导下，以各级财政投入为主渠道的开发式扶贫，产业扶贫是其中的主要应用领域。"十一五"时期的连片开发、整村推进、中央彩票公益金支持革命老区项目、科技扶贫等也主要投入在产业发展上面。这些以财政投入为主体的各类到村项目，能否直接形成某种形式的村级集体资产，进而增加村级集体经济实力，创新集体经济的实现形式，值得进一步探索。

三、扎实推进新时期的产业扶贫工作

随着温饱问题的基本解决，我国扶贫开发的总体目标转变为，到2020年，稳定实现扶贫对象"两不愁、三保障"，贫困地区农民人均纯收入增长幅度高于全国平均水平，基本公共服务主要领域指标接近全国平均水平，扭转发展差距扩大趋势。这意味着，在新的历史时期，扎实做好产业扶贫工作，大幅增加贫困农户收入，是实现新纲要提出的目标任务的不二选择。

（一）科学编制扶贫特色优势产业发展规划

在深入调研的基础上，积极开展扶贫特色优势产业规划编制工作。编制扶贫特色优势产业规划，要特别注意贫困识别，确保从规划编制开始，就尽可能地瞄准贫困人口，使特色优势产业发展真正惠及贫困区域和贫困群体。规划编制还要切实解决"两个结合"的问题,即与片区总体规划相结合,与行业部门"十二五"专项规划相结合。

（二）积极培育和支持农村小微型企业发展

实现对贫困户的直接示范带动,要注意积极培育和重点支持遍布于农村的大量小微型企业。应进一步深化对"龙头企业"的认识,摒除一谈龙头企业,即是指"农业产业化龙头企业"的认识误区。从财税、金融、科技、人才等政策上积极扶持贫困地区的小微型企业,支持小微型企业建立与农户之间的紧密、半紧密合作关系,并积极创造条件鼓励贫困地区农民工返乡创业。

（三）大力发展专业合作社等中介组织

大力发展农村专业合作社等中介组织,提高农民的组织化程度,是产业扶贫的重要环节。新时期的产业扶贫必须把专业合作社等建设放在更加突出的位置,支持各种形式的种养加合作社注册成立法人。支持农村能人、种养大户、经纪人等申办合作社。鼓励行业部门、村集体领办或主办合作社。进一步加大对合作社的信贷、人才、技术等支持力度,强化对合作社管理人员的培训。

（四）进一步加大扶贫产业基地建设力度

基地建设是实现产业发展规模化、集约化、标准化的有效载体,历来是产业扶贫重点支持的环节。在基地建设中,要充分发挥龙头企业的示范带动作用,完善产业发展的配套设施,强化农户的直接、间接参与，鼓励基地与村庄、基地与合作社、基地与农户订立长期的合同关系，构建双赢或多赢的利益联结机制。

（五）强化金融机构对产业发展的支持

加大政策性银行和国有商业银行对贫困地区、贫困农户、龙头企业的信贷支持，设立扶贫专项贷款科目，强化其社会责任。同时，加快微小型金融机构（如村镇银行）在贫困地区的发展步伐，扩大互助资金规模，增加小额信贷支持，多渠道解决贫困地区的金融短缺问题，推动扶贫特色产业做大做强。

（六）重点支持产业发展的关键环节和领域

新时期的产业扶贫，重点支持产业发展的"两头"。在产业发展的启动环节，采取财政贴息、小额信贷、互助资金等形式重点支持良种良法推广、种苗种畜补助、生产设备购置、技术技能培训等；在产业发展的市场环节，重点支持市场流通体系建设，为贫困户搭建产销对接的信息服务平台，规避产业发展过程中的市场风险。

扎实抓好就业促进

就业促进是我国农村新时期扶贫开发工作的重要措施之一,当前的主要工作载体是雨露计划。《中国农村扶贫开发纲要(2011—2020年)》第十六条要求:"完善雨露计划。以促进扶贫对象稳定就业为核心,对农村贫困家庭未继续升学的应届初、高中毕业生参加劳动预备制培训,给予一定的生活费补贴;对农村贫困家庭新成长劳动力接受中等职业教育给予生活费、交通费等特殊补贴。对农村贫困劳动力开展实用技术培训。加大对农村贫困残疾人就业的扶持力度。"

雨露计划是以提高农村贫困人口整体素质和自我发展能力为核心的专项扶贫措施。它以政府政策扶持为主导、以财政扶贫资金投入为主体,动员社会力量参与,通过资助、引导农村贫困家庭劳动力接受职业教育和各类技能培训等途径,扶持和帮助扶贫对象提高就业竞争力、产业发展能力或自主创业能力,最终达到提高扶贫对象就业能力,增加劳动收入,促进贫困地区可持续发展之目的。

众所周知,贫困地区和扶贫对象之所以贫困,除受自然条件制约外,劳动力素质也是致贫的重要原因。因此,从扶贫开发之初,我国就提出坚持开发式扶贫方针,通过培训提高劳动力素质和就业技能，促进贫困地区劳动力向发达地区和非农产业转移就业的基本思路。早在"三西"农业建设时期，就曾提出"有水路走水路，没水路走旱路，水旱路不通另谋出路"的口号，"另谋出路"主要指的就是转移就业。《国家"八七"扶贫攻坚计划》明确把"有计划有组织地发展劳务输出，积极引导贫困地区劳动力合理有序地转移"纳入扶贫开发的五项基本途径。《中国农村扶贫开发纲要（2001—2010年）》第十八条"积极稳妥地扩大贫困地区劳务输出"，对此项工作进行了专门部署。以此为政策依据，经过试点，于2004年开始全面实施了以贫困地区青壮年劳动力转移就业培训为主要内容的雨露计划。

随着我国经济的繁荣和社会的发展，农村扶贫开发已经从解决温饱为主要任务的阶段转入巩固温饱成果、提高发展能力、加快脱贫致富、缩小发展差距的新阶段，更加注重扶贫对象基本素质和自我发展能力的提高。同时，我国的工业产业正在转型升级，农业生产也步入现代农业发展时期，农村贫困劳动力的就业出路正逐步多元化，除转移就业外，地方特色产业发展也提供了大量的就业、发展机会。但无论是转移就业，还是就地发展，都需要具备更好的基本素质和专业技能的劳动力。为满足扶贫对象眼前就业和长远发展需求，在认真总结"十一五"时期雨露计划工作经验的基础上，将农村贫困家庭新生劳动力参加预备制培训和职业教育、农村贫困劳动力实用技术培训、农村贫困残疾人就业等，都纳入了就业促进工作范围，大大丰富了其工作的内涵，同时也对此项工作提出了新的更高的要求。

在具体工作措施上，继续延用"十一五"时期形成的"省

管计划—市抓实施—县抓落实"的工作体系,采取因地制宜、灵活多样的方式组织实施。主要包括以下几方面内容:

一、进一步明确培训对象和任务

根据新形势、任务的要求,初步考虑未来十年雨露计划的培训对象和内容主要包括四个方面:(1)对贫困家庭新生劳动力实施职业教育和技能培训,即以促进就业为核心,引导和鼓励贫困家庭子女在完成九年义务教育和普通高中教育后,继续接受高、中等职业学历教育和一年以上的预备制培训。(2)对农村留守贫困劳动力开展农村实用技术和产业发展技能培训。(3)对成年劳动力实施中短期转移就业职业技能培训。(4)农业产业化发展急需人才培训。主要包括企业经营管理人员、农民专业合作组织带头人和农村经纪人等。

二、充分利用两项制度衔接试点的成果

劳动力培训中反映最大的问题是目标不准,扶贫资源漏出。出现这类问题的一个重要原因是贫困人口建档立卡工作基础不好,工作中只好粗放管理,满足于资金能到重点县、贫困村就算达到目的,真正的贫困人口有时反而得不到扶持。目前,两项制度衔接试点已在全国689个县展开,其中重点县464个。这为各项扶贫措施瞄准贫困户奠定了基础。凡是已经完成贫困人口识别的县,使用财政扶贫资金开展的劳动力培训项目只能以识别出来的贫困户为对象。没有完成识别的地方,要加快工

作进度。

三、积极稳妥地引导和扶持贫困家庭新生劳动力参加正规职业教育和预备制培训

针对农村贫困家庭未升学的应届初、高中毕业生参加预备制培训和农村贫困家庭新成长劳动力接受职业教育的特殊补贴工作，国务院扶贫办和财政部从2010年秋季学年开始，在中西部9个两项制度衔接工作基础比较好的国家扶贫开发工作重点县启动了改革试点。今年试点得到扩大，规模已达到100个县。试点的补助对象为试点县建档立卡贫困家庭中2011—2012学年接受高等职业（一、二、三年级）、中等职业（一、二年级）教育和1年以上（包括1年）技能培训（进入顶岗实习阶段的学生除外）的在校学生。每个补助对象的补助标准为1500元。其中，2011年秋季学期补助700元/人，2012年春季学期补助800元/人。补助对象可同时享受国家中等职业学校减免学费和生活补贴政策、新生劳动力预备制培训扶持政策等。试点的主要目的是通过对接受中、高等职业教育和1年以上预备制培训的农村贫困家庭子女进行直接补助，引导和鼓励农村贫困家庭子女在完成九年义务教育和普通高中教育后，继续接受正规职业教育和中长期技能培训，从整体上提高他们的综合素质和就业能力，实现稳定脱贫。从对各试点跟踪调研情况看，试点工作总体进展顺利，各方反映良好，受到了试点县干部群众的一致拥护。此项工作将作为新时期雨露计划的重要内容，在试点的基础上稳步推进。

四、积极探索农业实用技术、产业发展和创业培训的有效途径

"十一五"期间,雨露计划的重点是青壮年贫困劳动力转移培训,对于留守贫困劳动力的农业实用技术等方面的培训,各地做了一些工作,也有不少好的经验。但总体上讲,这方面强调得不够,培训质量不高,效果欠佳。进入"十二五"时期后,我们不但要重视继续做好贫困家庭新生劳动力的职业教育、预备制培训和青壮年劳动力的转移培训工作,也要下功夫抓好留守劳动力的农业实用技术培训。主要是结合当地产业发展的规划,挑选一批适合当地的新技术、新品种进行推广运用。其中特别重视培育发展减灾防灾避灾产业。这方面的潜力很大,一项新技术的利用、一种新品种的推广,对贫困农户的增产增收也有很大的作用。但要注重培训的针对性,保证贫困农户受益。对村干部、致富带头人的培训重点在于培训他们如何带动贫困农户发展。

五、改革和完善雨露计划管理方式

"十一五"时期雨露计划劳动力转移培训的主要管理方式是,扶贫系统逐级认定培训基地,财政扶贫资金主要通过委托基地办班的方式支付。今后的青壮年劳动力转移培训工作,将继续整合现有社会教育、培训资源,通过培训基地实施订单培训、落实定向就业和跟踪服务。但对其管理方式要进行改革,

逐步改变对培训基地的管理办法，并取消通过基地给予补助的做法，逐步实现直补入户到人。其他类型的培训，逐渐转向培训券管理方式，推荐有资质的教育、培训机构参与培训，学员根据需求自主选择培训机构和专业。最终目的是提高财政扶贫资金的目标瞄准和使用效果。

六、加大对农村贫困残疾人就业的扶持力度

认真贯彻促进残疾人就业的法律法规和政策措施，保障残疾人平等就业的机会和权利。有针对性地制定和完善针对残疾人特点的政策措施，为贫困残疾人提供特殊的职业培训和就业服务，增强残疾人就业和创业能力，切实将国家扶贫开发促进就业政策措施和其他支农惠农政策落实到农村贫困残疾人家庭。有方向性地扶持农村贫困残疾人从事种养业、手工业和多种经营，有序组织农村残疾人转移就业，促进残疾人增加收入。

七、动员社会资源参与就业促进工作

社会力量参与将是未来扶贫工作的一个重要方向，培训也存在同样的问题。培训具有对象明确、收益直接、效果明显等特点，更适合动员社会资源。新时期的就业促进工作将在继续争取财政资金支持的同时，研究相关政策措施和组织方式，更好地将社会资源引向扶贫培训，使之在此项工作中发挥更大的作用。

继续推进扶贫试点

针对扶贫开发工作中出现的特殊情况和问题，采取特殊手段和措施，开展扶贫试点，实行扶贫攻坚，是专项扶贫工作的一项重要内容。通过扶贫试点，丰富扶贫开发手段，拓展扶贫开发内容，创新扶贫开发机制，推广扶贫开发经验，与时俱进地推动中国特色减贫事业，是贯彻落实新纲要精神的主要环节。《中国农村扶贫开发纲要（2011—2020年）》第十七条指出："创新扶贫开发机制，针对特殊情况和问题，积极开展边境地区扶贫、地方病防治与扶贫开发结合、灾后恢复重建以及其他特困区域和群体扶贫试点，扩大互助资金、连片开发、彩票公益金扶贫、科技扶贫等试点。"

一、"十一五"时期扶贫试点实施情况

"十一五"时期，为解决特殊困难区域和特殊困难群体的贫困问题，国务院扶贫办先后在全国范围内开展了一系列扶贫试点工作。针对宁夏中部干旱带、豫西伏牛山区和湖北房县等生存条件恶劣地区的扶贫对象，开展移民搬迁试点；针对甘肃庆阳、定西，贵州晴隆等具有一定产业开发基础的特殊贫困地

区，开展产业扶贫试点；针对云南苦聪人、山瑶人、莽人克木人等人口较少民族的深度贫困问题，实行整体帮扶试点；针对致贫因素复杂、贫困面广、贫困程度深的贵州威宁喀斯特地区、四川阿坝、凉山地区、新疆阿合奇边境地区等，实行综合治理试点；针对扶贫开发工作中如何调动地方积极性，强化部门参与，加强资金整合，发挥综合效益，开展连片开发试点；针对西藏溜索改造等特定问题，开展特别专项试点。在以上国家层面开展的扶贫试点之外，各省（区、市）也分别结合自己的实际，因地制宜开展了不同层次、不同规模、不同类型的试点工作。这些试点为新时期的扶贫开发工作，探索了道路，创新了机制，积累了经验，由此构成了中国特色扶贫开发道路的有机组成部分。

二、继续深入推进扶贫试点的重要性和必要性

扶贫试点是新纲要确立的七大重点专项扶贫工作之一，在未来的扶贫攻坚中占有十分突出的地位。因此，继续深入推进扶贫试点是新阶段贯彻落实科学发展观、创新扶贫开发工作机制、实施连片特困地区扶贫攻坚，最终确保如期实现新纲要确立的总体目标和主要任务的需要。

（一）继续推进扶贫试点是贯彻落实科学发展观的需要

多年的扶贫开发实践证明：一项行之有效的具有可持续性的扶贫政策、制度、规章等的出台，一般都要经过试点这一关键环节。通过开展扶贫试点，总结经验，查找差距，弥合分歧，

最终找到最适宜的扶贫方式方法，实现科学扶贫，是科学发展观在扶贫开发领域的正确运用，更是当前扶贫系统转变发展方式的有力体现。

（二）继续深入推进扶贫试点是正确解决扶贫攻坚面临的新形势、新问题的需要

随着新时期扶贫标准的逐步提高，我国的扶贫对象规模依然十分庞大，相对贫困问题依然十分突出，返贫现象时有发生。特别是14个集中连片特殊困难地区发展相对滞后，所面临的问题各有不同，致贫因素千差万别，有的属于高寒冷凉、荒漠化、石漠化地区，有的属于地质灾害易发高发区，有的属于地方病病区，有的属于少数民族聚集聚居地区，还有的属于主体功能区规划中的禁止开发区或限制开发区等。针对这些特殊类型的贫困地区，我们必须坚持分类施策，先期开展试点，逐步由点及面，分批实施，而不能套用同一种模式、办法去解决这些扶贫攻坚中的"硬骨头"地带。

（三）继续深入推进扶贫试点是创新扶贫开发机制的需要

体制机制创新是扶贫开发工作的灵魂。新一轮扶贫攻坚把14个连片特困地区作为主战场，把稳定解决扶贫对象温饱、尽快实现脱贫致富作为首要任务。在这样的背景下，扶贫开发不可能在14个片区同时铺开，必须针对特殊情况和问题，采取循序渐进的办法，"边试点、边总结、边推广"，创新机制，科学发展。通过在不同片区，开展不同层次、不同规模、不同类型的扶贫试点，充分发挥贫困地区的主动性和创造性，尊重贫困

群众的首创精神，逐步探索出扶贫效果最明显、受益农户最直接、实施起来最便利的扶贫开发方式方法，进而形成一套制度化、规范化、常态化的扶贫开发工作机制。

三、进一步做好扶贫试点工作

新时期我国的扶贫开发事业已经从以解决温饱为主要任务的阶段转入巩固温饱成果、加快脱贫致富、改善生态环境、提高发展能力、缩小发展差距的新阶段。在这一新的历史起点上，实现连片特困地区扶贫攻坚良好开局，必须进一步做好扶贫试点工作。

（一）深入总结"十一五"扶贫试点工作

"十一五"时期，我们主要开展了移民搬迁、产业扶贫、整体帮扶、连片开发、综合治理以及特别专项等六大类型扶贫试点工作。对此，我们将本着"巩固、完善、提高、推广"的原则，深入总结各类试点取得的基本经验、主要成效、存在问题以及努力方向，为新一轮扶贫试点提供有益的借鉴。

（二）积极推进跨期扶贫试点工作

按照不延长试点期限的原则，对尚未到期的"十一五"时期开展的扶贫试点项目，建立中期评估和总结验收制度，制定出台规范的评估、验收办法，由行业部门和专家团队共同参与实施。同时，逐步建立扶贫试点的跟踪问效制度，强化扶贫试点的后约束机制。

（三）科学编制片区扶贫试点规划

规划先行是扶贫试点的一条基本经验。在深入调研的基础上，积极开展连片特困地区各类扶贫试点规划编制工作。扶贫试点规划，按照"两个结合"的原则，即与片区总体规划相结合、与行业部门"十二五"专项规划相结合，"自下而上、上下结合"逐级编制。同时，率先启动实施先行先试区域的扶贫试点规划编制工作。

（四）扎实开展新一轮扶贫试点工作

针对边境地区扶贫、地方病防治、灾后恢复重建、特色优势产业等特殊情况和问题，开展新一轮扶贫试点。进一步扩大互助资金、连片开发、彩票公益金扶贫、科技扶贫等试点工作。按照中央领导的批示精神和我办的总体部署，积极稳妥推进大小凉山试点和武陵山片区试点。

加强革命老区扶贫开发

《中国农村扶贫开发纲要（2011—2020年）》提出"加大对革命老区扶持力度"和"国家对贫困地区的革命老区县给予重点扶持"，为革命老区扶贫开发指明了方向，创造了有利条件。

一、革命老区扶贫开发工作情况

革命老区是土地革命时期和抗日战争时期，在中国共产党和毛泽东等老一辈无产阶级革命家领导下创建的革命根据地。革命老区为中国革命和建设事业做出了巨大牺牲和贡献。全国至少有1个老区乡镇的县共1389个，其中：老区乡镇比例超过90%的县有409个，老区乡镇比例在50%—89%之间的县有486个，老区乡镇比例在10%—49%之间的县有419个，老区乡镇比例不足10%的县有75个。在680个集中连片特殊困难地区县中有252个老区县，在片区外的国家扶贫开发工作重点县中有105个老区县。

改革开放特别是党的十七大以来，在中央高度重视和大力支持下，各级各部门从统筹区域发展、构建和谐社会的高度，开展了一系列有针对性的帮扶措施。财政部从2001年起设立中央革命老区转移支付专项。"十一五"期间，发改委启动了红色旅游景点景区基础设施建设项目，牵头编制了《陕甘宁革命老区振兴规划》、《武陵山经济协作区发展规划》，湖南、延安、井冈山大力开展红色旅游；科技部、水利部、交通部等也开展了有针对性的倾斜帮扶；江西省启动了《鄱阳湖生态经济区规划》；湖北省启动了《建设大别山经济社会发展实验区规划》；四川省编制了《秦巴山区扶贫规划》；甘肃省编制了《庆阳革命老区扶贫开发总体规划》。通过科学规划，整合资源，综合治理，集中解决制约老区发展的薄弱环节和瓶颈问题。

国务院扶贫办在整村推进、移民扶贫、科技扶贫、劳动力转移培训、连片开发试点、彩票公益金项目等专项扶贫和社会扶贫中，始终把革命老区作为工作的重点。2007年以来，在老区县实施了24008个贫困村整村推进，占"三个确保"整村推进总数的97%（2007年扶贫办提出，到2010年前，确保完成22个人口较少民族贫困村、边境重点县中距边境25公里以内未完成整村推进的贫困村、307个国家扶贫开发工作重点县中革命老区县未实施整村推进的贫困村）；安排246个中央国家机关定点帮扶贫困老区县，占定点帮扶中央国家机关总数的79.35%，实现了对山西、吉林、河南、海南、重庆5省市全覆盖。作为落实党的十七大精神的重要步骤之一，2008年以来，国家财政部、国务院扶贫办在贫困革命老区实施中央专项彩票公益金支持贫困革命老区整村推进试点项目。2008—2010年每年1.7亿元，先后在11个省区的27个贫困老区县实施彩票公益金扶贫项目。2011—2015年，进一步加大了彩票公益金扶贫项目的实施力度。按照连片开发、综合治理的方式，扶贫办先后开展了贵州威宁喀斯特地区综合治理、庆阳绒山羊产业化扶贫、河南洛阳搬迁扶贫、四川阿坝大骨节病扶贫开发等试点，统筹协调各方面的力量，合力攻坚，取得了明显的减贫成效。

革命老区所在地方党委、政府也高度重视，全力推进革命老区的开发建设事业。云南、四川、福建、陕西、浙江等省出台了推进革命老区扶贫工作的专门意见。各地也探索建立了良好的革命老区社会扶贫工作机制，河北省出台了《关于动员全社会力量支持贫困老区建设的意见》；山西太原实施"关爱老区帮扶百村"活动；广东佛山实施了"一户一法"帮扶老区措施，等等，深受老区人民的欢迎。

中国老区建设促进会等社会组织是老区扶贫工作一支不可或缺的重要力量，为推动老区扶贫事业做了大量卓有成效的工作。

二、革命老区扶贫开发中存在的主要困难

由于历史欠账多，加之受立地条件、区位条件制约，一些革命老区县发展条件、产业结构、教育卫生、地方财力、人民生活水平明显滞后，脱贫和发展能力仍然脆弱，特别是一些老区乡镇、老区基点村，深度贫困问题比较突出，制约发展的深层次矛盾依然存在，扶贫开发任务仍十分艰巨。

一是区域性贫困问题突出。老区扶贫开发的一个显著特征就是集中连片贫困问题突出。在 14 个片区中，有革命老区的有六盘山区、秦巴山区、武陵山区、乌蒙山区、滇桂黔石漠化区、

大兴安岭南麓山区、燕山—太行山区、吕梁山区、大别山区、罗霄山区、四省藏区11个片区，252个老区县，占全国680个片区县的37%。这些集中连片分布的贫困革命老区县大部分生产生活条件恶劣、基础设施薄弱，贫困群众上学难、吃水难、用电难、就医难、增收难问题突出，发展无门路、生产无技术、外出务工难，根本脱贫难度很大。

二是发展差距进一步拉大。近年来，革命老区纵向对比发展很快，但是横向对比，发展差距仍在进一步拉大。2009年，革命老区乡镇比例超过90%的146个国家扶贫开发工作重点县，贫困发生率为8.4%，是全国平均水平（3.6%）的2.3倍，人均收入、人均地方财力、人均城乡居民储蓄分别为全国平均水平的55%、22%、34%，经济社会发展水平明显低于全国平均水平。

三是扶持力度不足。中共十七大以来，中央和地方都加大了对革命老区的扶持发展力度，但目前国家层面还未制定加快革命老区发展的中长期规划，也未出台指导革命老区发展的专门意见，有关部门、单位，未形成整体工作合力。

三、进一步加大对贫困革命老区的扶贫开发力度

在新十年，我们将牢牢把握国家实施"十二五"规划、深入实施西部大开发战略、促进中部地区崛起的重大机遇，全面贯彻新十年扶贫开发纲要有关要求，加大革命老区扶贫开发工作力度，对贫困地区的革命老区县给予重点扶持。

（一）加大革命老区贫困人口识别工作，落实有针对性的帮扶措施

在片区内和片区外国家重点县中的革命老区县全面部署农村最低生活保障制度和扶贫开发有效衔接工作，识别贫困乡村和贫困人口，建立贫困户档案。根据贫困乡村和贫困人口的不同情况，分类施策，整合多部门政策、资源，采取有针对性的帮扶措施，加大国家层面的资源整合、倾斜扶持力度，优先实现贫困革命老区县的扶贫对象不愁吃、不愁穿，保障其义务教育、基本医疗和住房。

（二）加大扶持开发工作力度

一是通过实施连片特困地区扶贫攻坚工程带动老区发展。"十二五"期间，我们将优先选择革命老区县集中、贫困人口连片分布广的集中连片特殊困难地区，以县为基础，以保障和改善民生为首要任务，实施集中连片扶贫攻坚工程，以此改善贫困革命老区贫困群众生产生活条件，推进教育、医疗、就业、社会保障等民生工程建设，使革命老区更好更快发展。二是加大到村专项扶贫扶持力度。对贫困革命老区乡村，优先安排整村（乡）推进和移民扶贫，统筹资源、加大投入，有序搬迁、妥善安置，实施水、电、路、气、房和环境优美"六到农家"工程，改善贫困群众的生产生活条件，着力培育和发展后续产业。三是对缺乏劳动能力的贫困人口全面落实农村社会保障政策。

(三) 加大扶持开发投入

中央和地方各级财政要加大对贫困革命老区县预算内转移支付力度,确保老区群众真正受益。加大中央专项彩票公益金支持贫困老区发展力度,体现党中央、国务院对老区人民的关心和厚爱。同时加大金融扶贫对革命老区的支持,开辟新的投入渠道。

明确部门行业扶贫职责

行业扶贫是指国家为了加大对贫困地区的扶持力度,充分发挥宏观调控职能,发挥行业部门的减贫功能,从机制上建立扶贫政策保障体系,并规划其在扶贫开发过程中的相应目标与任务,形成贫困地区享受"特惠制"的政策条件及其良好的发展环境。《中国农村扶贫开发纲要(2011—2020年)》第十九条要求,"各行业部门要把改善贫困地区发展环境和条件作为本行业发展规划的重要内容,在资金、项目等方面向贫困地区倾斜,并完成本行业国家确定的扶贫任务"。

一、行业扶贫的背景

行业扶贫是国家大扶贫战略的重要组成部分,是扶贫开发理论与实践发展到一定阶段的标志。党的十六大提出,在21世纪头二十年全面建设惠及十几亿人口的更高水平的小康社会,提倡公共服务均等化,各项行业、区域、社会政策向"三农"和贫困地区倾斜,制定了"以工促农、以城带乡"和"多予少取放活"的方针。多予就是要加大对农业的投入,为农民增收创造条件,完善和落实农业补贴政策、农产品价格政策、扶贫开发政策,尽力向农村提供必需的公共产品和社会福利。少取即减轻农民负担,大力推进农村税费改革,国家通过有步骤的改革城乡二元投入体制,大幅增加对农村教育、文化、医疗等社会公益事业的投入,切实把农民的负担减下来。放活,就是搞活农村经营机制,破除体制束缚和政策障碍,给予农民更多的自主权,以体制创新和政策激发广大农牧民的生产热情,激活农村经济。在党的十六大确立的全面建设小康社会目标的基础上,党的十七大对我国经济社会发展提出了新的更高要求,特别强调增强城乡区域发展的协调性,建立以工促农、以城带乡长效机制,形成城乡经济社会发展一体化新格局,提高扶贫开发水平。

正是在这样的背景下,扶贫开发也从单纯依靠财政专项扶贫推动的传统模式逐渐发展形成了一个专项扶贫、行业扶贫、社会扶贫互为支撑、共同推进的"大扶贫"格局。近年来的实践证明,以专项扶贫政策为导向,实行专项扶贫与行业扶贫、社会扶贫相结合的扶贫开发模式是正确的,也是今后一个较长时期扶贫开发基本的政策取向和工作格局。

二、行业扶贫的重大意义

(一)行业扶贫是我党政治优势的集中体现

行业扶贫要求各行业部门把扶贫开发纳入本部门行业发展规划,行业部门在通过政策制定、制度设计、资金项目安排等方面向贫困地区和扶贫对象倾斜,吸引各种生产要素和社会资源向贫困地区集聚，目的是改善贫困地区的发展环境和条件，为其脱贫致富创造条件、提供支持。这是全国一盘棋、集中力量办大事的政治优势在扶贫开发工作中的生动反映，充分体现了我国政治制度的优越性。

（二）行业扶贫是实现新时期扶贫目标的现实选择

我国仍处于并将长期处于社会主义初级阶段，扶贫开发始终是建设中国特色社会主义伟大事业的一项长期历史任务。而扶贫部门自身力量有限，不能"孤军奋战"，更无法"包打天下"。实施行业扶贫，有效整合国家的人力、物力和财力，集中力量促进贫困地区建设与发展，成为我国扶贫减贫事业的现实选择。

（三）行业扶贫是中国特色扶贫开发最为重要的成功经验

实施行业扶贫，有利于行业部门把握工作重点和目标任务，使各部门对本行业部门在扶贫开发中的任务有清晰地了解，充分发挥各职能部门的人才技术资源优势，发挥社会主义制度集中力量办大事的政治优势，把全社会各方面的力量组织起来，帮助贫困地区加快发展，这是这些年来我们在扶贫开发实践中坚持贯彻的重要经验。

（四）行业扶贫是落实科学发展观，统筹区域、城乡、经济与社会发展，实践科学扶贫的必然要求

行业扶贫的出发点和落脚点是促进贫困地区经济社会发展，实现扶贫对象脱贫致富。行业扶贫不仅局限于各行业部门参与、投身扶贫开发工作，为贫困地区和扶贫对象所做的具体事情，更重要的是通过行业扶贫，扩大了扶贫工作的社会影响，使更多的人、更多的企业和组织了解扶贫、关注扶贫、关心弱势群体，使全社会各方面的力量组织起来，这对扶贫开发工作的推进具有深远的意义和显著的现实作用。

三、行业扶贫的主要措施及其实现途径

《中国农村扶贫开发纲要（2011—2020年）》明确指出，行业扶贫主要包含明确部门职责、发展特色产业、开展科技扶贫、完善基础设施、发展教育文化事业、改善公共卫生和人口服务管理、完善社会保障制度、重视能源和生态环境建设等内容。

国家各行业、各部门都要讲政治、顾大局，自觉主动地发挥行业部门的自身优势，2011年中办发27号文件要求，把改善贫困地区发展环境和条件作为行业发展规划的重要内容，在政策制定、资金项目安排等方面向贫困地区和扶贫对象倾斜，改善贫困地区的发展环境和条件，吸引各种生产要素和社会资源向贫困地区集聚，做到政策、资金、项目"三个优先"，并指导本行业本部门完成《中国农村扶贫开发纲要（2011—2020年）》制定的各项扶贫工作任务。

（一）实施财税扶贫

建立政府财政扶贫资金稳定增长机制，按照财政收入的新增幅度，每年同比增加地方财政扶贫资金。同时，加大省级财政对重点县的一般性转移支付和财政扶贫资金投入力度。加大

彩票公益金支持扶贫开发事业力度。完善扶贫贷款财政贴息政策，引导增加信贷扶贫投入，扩大扶贫贴息贷款规模。重点县内新办的劳动密集型企业和农产品加工企业，三年内免征所得税。对贫困地区内资鼓励类产业、外商投资鼓励类产业及优势产业的项目在投资总额内进口的自用设备，享受政策规定范围内的免征关税优惠。企业用于扶贫公益事业的捐赠支出，可以按规定进行所得税税前扣除。

（二）实施金融扶贫

不断改进和提高贫困地区农村金融服务，积极扩大扶贫开发工作重点县农户小额信用贷款和农户联保贷款的覆盖面，鼓励开发多样化的小额信用贷款产品，努力满足贫困地区农户发展生产的资金需求，扶贫贷款继续执行优惠利率。鼓励保险机构在扶贫开发重点县建立基层服务网点，增加农业保险险种，适当提高中央财政保费补助比例，努力提高贫困地区农业保险的广度和密度。

（三）实施投资扶贫

扩大投资和招商投资是实现贫困地区区域经济快速发展的重要途径。大型建设项目、重点工程和新兴产业布局要向符合条件的贫困地区倾斜。支持劳动密集型产业向贫困地区转移。加强贫困地区市场建设。支持集中连片特殊困难地区和重点县内资源合理开发利用，促进贫困人口从资源开发利用中切实受益。所有重点县内固定资产投资和公益性工程建设的资金配套要求予以取消。逐步提高集中连片特殊困难地区和重点县国家投资项目的补助标准和资本金注入比例。

（四）实施基础设施扶贫

重点加强贫困地区基础设施建设、生态环境保护、公路铁路建设、国土整理、矿产资源开发、地质灾害防治、农村电网改造、有线电视、电话、互联网"三网融合"、贫困户危房改造等方面的建设项目，这些项目都要向贫困地区倾斜，要适应扶贫开发的客观要求，民生优先，让利于民，发展为要，不折不扣地为贫困地区的跨越式发展提供最优惠、最直接的扶持。

（五）实施教育扶贫

要加快农村寄宿制学校建设，加强重点县职业教育基础能力建设，免除中等职业学校农村家庭经济困难学生和涉农专业学生学费，进一步提高贫困家庭学生接受职业教育补助标准，在大中城市职业学校定向招收贫困地区的学生接受教育，按国家助学政策规定给予资助。

（六）实施科技扶贫

各级科技部门要建立和完善贫困地区科技扶贫服务体系，加快科技扶贫示范村和示范户建设。继续选派科技开发团、科技副县（市）长和科技副乡（镇）长、科技特派员到扶贫开发重点县（市）、乡（镇）工作，提高科技在扶贫开发中的贡献率。充分发挥科技特派员及其他技术人员的作用，大力开展以更新致富观念、掌握劳动技能、学习生产技术为主要内容的培训，使贫困户掌握1—2项先进实用技术，培养一批技术明白人和科技致富带头人。

（七）实施救助扶贫

要进一步完善农村贫困人口最低生活保障、灾民补助等社会救助体系，扩大最低生活保障面，提高最低生活保障水平，全覆盖没有劳动能力或生活常年困难的贫困人口。贫困户家庭子女就读高中、职业技术院校、中专、大专、本科等，县级人民政府应专设"贫困户子女就学救助资金"，按照一定的标准予以一次性救助。

（八）实施人才扶贫

鼓励教育、科技、卫生人员定期到贫困地区服务。鼓励大专院校、科研院所、医疗机构为贫困地区培养人才。鼓励大、中专毕业生到贫困地区就业、创业。对长期为贫困地区服务的教师、医疗卫生人员和农业技术人员，在职称晋升等待遇方面给予照顾。积极支持贫困地区乡村教师、医疗卫生人员和农业技术人员的继续教育和实用技术培训。加大对贫困地区各级各类干部的培训力度。

（九）实施文化扶贫

大力推进贫困地区文化馆、站、室的建设，形成实用、便捷、高效的公共文化服务体系。

（十）实施卫生扶贫

要进一步健全贫困地区基层医疗卫生服务体系，改善医疗服务设施条件。要建立长效稳定的筹资增长机制,不断增加财政在筹资中的比重,努力减轻参合农牧民医药费用负担,确保参合率、受益率、补偿比及最高支付限额等关键指标始终处于全国中上水平,切实解决农牧民"看不起病"的问题。要建立符合各地实际的基本药物制度,充分发挥中医、民族医药的独特优势,降低药品价格,切实解决药价虚高的问题。要健全基层医疗卫生服务体系,加强基层医疗卫生机构和基层卫生队伍建设,转变基层医疗卫生机构运行机制,改革基层医疗卫生机构补偿机制,切实解决群众"有地方看病"的问题。要大力实施重大公共卫生服务项目和促进基本公共卫生服务逐步均等化,使全体城乡居民都能享受基本公共卫生服务,最大限度地预防疾病,切实解决群众"少生病"的问题。要加大财政投入力度,稳步推进公立医院改革试点,加强医疗成本控制,提高公立医疗机构服务水平,扭转公立医疗机构趋利行为,使其真正回归公益性,切实解决群众"看得起病"、"看得好病"的问题。

(十一) 实施计生扶贫

计生部门要制定支持计划生育贫困户的优惠政策,积极推进"少生快富工程",加强优生优育。在南疆三地州实现农村计划生育家庭特殊奖励制度全覆盖,积极争取中央支持继续扩面,并提高奖励标准。

(十二) 实施广电扶贫

要继续以村村通工程、农村电影放映工程和"宽带进村入户"等重点工程为载体,加大对贫困地区的广播电视基础设施建设的投入，尤其是加强贫困地区广播电视覆盖和电影放映工作，确保做到村村通、户户通、长期通。提高行政村、农牧区移动网络覆盖率，3G网络逐步向重点乡镇延伸。

（十三）实施巾帼扶贫

各级妇联要积极主动地组织和开展妇女扶贫工作，广泛实施妇女"创业兴家"扶贫工程，发挥妇女在扶贫开发中的主力军作用。

四、对行业部门扶贫开发的要求

行业扶贫作为我们党和政府重要的减贫手段和扶贫机制，在我国扶贫开发工作中占有的份量很重，政策的含金量很高。因此，要求各行业、各部门必须加强组织领导，学习好、领会好、掌握好、运用好行业扶贫政策，科学整合资源，深入抓好落实，才能确保扶贫开发工作更加卓有成效。

（一）高度重视，加强领导

各行业部门要深刻认识扶贫开发工作对于统筹城乡区域发展、保障改善民生、缩小发展差距、促进全体人民共享改革发展成果的重大意义，把加强行业扶贫作为贯彻《中国农村扶贫开发纲要（2011—2020年）》、履行部门责任、服务"三农"、改善民生的重要内容，将扶贫开发纳入本行业部门"十二五"行业发展规划，细化工作进度，切实加强组织领导，建立健全工作机构，在政策制定、产业布局、资金项目安排等方面向贫困地区倾斜。

(二) 加大投入，形成合力

各行业、各部门之间要加强沟通协调，结合扶贫开发新形势、新任务，加大对贫困地区的投入和扶持，形成扶贫开发合力，集中力量发展优势特色产业，加强农村基础设施建设，发展社会事业，不断完善社会保障体系，加快推进项目实施，严格确保项目质量和效果，促进贫困地区生产生活条件的改善和贫困群众的脱贫致富。

(三) 健全制度，抓好落实

进一步强化绩效考核制度、工作督查制度，完善行业部门扶贫开发责任制，各级扶贫开发行业部门定期向同级扶贫开发领导小组汇报工作进展和责任落实情况，推动行业扶贫工作又好又快发展。

继续开展科技扶贫

科学技术的缺乏和落后,是制约贫困地区发展的主要瓶颈之一。以科技进步为支撑,加快先进适用技术的推广和应用,推动贫困地区特色、优势、主导产业发展,切实增加贫困农户收入,是扶贫开发的主要措施之一。《中国农村扶贫开发纲要(2011—2020年)》第二十一条要求:"开展科技扶贫。积极推广良种良法。围绕特色产业发展,加大科技攻关和科技成果转化力度,推动产业升级和结构优化。培育一批科技型扶贫龙头企业。建立完善符合贫困地区实际的新型科技服务体系,加快科技扶贫示范村和示范户建设。继续选派科技扶贫团、科技副县(市)长和科技副乡(镇)长、科技特派员到重点县工作。"

一、科技扶贫的基本情况

科学技术进步是经济发展的重要动力,更是贫困地区经济发展的基本要素。1986年全国开始有计划、有组织的大规模扶贫开发时,国务院贫困地区经济开发领导小组第一次全体会议就提出:科学技术进步是经济发展的重要动力,更是贫困地区经济发展的基本要素。随后,《国家八七扶贫攻坚计划》也提出:"要把扶贫开发转移到依靠科技进步和提高劳动者素质的轨道上来"。2001 年国务院颁布《中国农村扶贫开发纲要（2001—2010 年）》，对科技扶贫提出了更高要求："加大科技扶贫力度。在扶贫开发过程中，必须把科学技术的推广和应用作为一项重要内容，不断提高科技扶贫水平"，科技扶贫作为一项战略措施在全国范围得到普遍实施。概括起来，科技扶贫主要有三种形式：

（一）相关行业部门开展的科技扶贫

这种扶贫方式主要是以定点帮扶的贫困地区为对象，发挥部门优势，积极开展农业先进适用技术的推广。如原国家科委在大别山地区启动实施的科技扶贫；农业部门在贫困地区推广的良种良法；科技部门实施的科技扶贫团、科技富民强县工程等。科技富民强县工程在 131 个国家扶贫开发工作重点县实施专项科技项目，累计投入 2 亿多元，为贫困地区和贫困人口培育起脱贫增收的支柱产业。

（二）多部门合作开展的技术推广

在这方面影响最大、效果最好的是从 1989 年开始实施的"温饱工程"。这项"工程"涉及国务院扶贫办、财政部、商业部和农业部等 7 个部门。国家每年安排 1000 万元的资金，在 14 个省推广杂交玉米地膜覆盖技术，帮助贫困群众增加粮食产量。据统计，实施"温饱工程"的十二年间，累计推广面积 1.9 亿多亩，增产粮食 279 亿公斤，受益农户达到 4000 多万，为基本解决这些贫困人口的温饱问题发挥了重要作用。

（三）扶贫部门开展的科技扶贫专项

为了推动产业发展，1999年国务院扶贫办、财政部专门设立了科技扶贫专项资金，解决农村贫困地区生产发展的科技瓶颈问题。这项工作迄今为止经历了三个阶段：

第一阶段（1999—2005年），全国面上每年安排2亿元资金，由各省根据实际自行安排项目。从这几年的实践看，在提高扶贫项目科技含量，加快农业技术推广等方面，取得了一定成绩，积累了一些经验。后来因财政部合并科目，将此部分资金并入到产业发展中，不再单独安排。

第二阶段（2006—2007年），国务院扶贫办直接抓了一批科技扶贫综合试点项目，安排专项资金2000万元，各省也自主安排资金开展科技扶贫。

第三阶段（2008—2010年），中央安排的资金从2000万元增加到5000万元，在中西部22省（区、市）实施了123个科技示范试点项目。

二、主要成效

科技扶贫的实施，促进了贫困地区科学技术的推广，推动了特色、优势、主导产业发展，提高了贫困群众收入发挥了积极作用，成效明显。主要表现在以下几个方面：

（一）有力地推动了贫困地区产业发展

以科技扶贫项目为载体，通过良种引进、新品种新技术示范推广和先进生产技术培训等方式，为贫困地区引进、培育了34个产业，推动相关产业生产水平、科技含量和产品质量的提升。

（二）较好地解决了一些关键技术和关键环节

随着市场经济的快速发展，一些具有区域优势的特色产业急待提高和延伸。通过科技扶贫综合试点项目大力支持，推广了一批实用、先进、增效的品种和技术，培育了一大批具有现代农业观念的新型农民，一些特色、传统品种得到有效改良、推动了当地产业的提升和发展，促进了贫困地区群众的增收。

（三）带动了贫困农户增收

通过科技扶贫项目的扶贫机制设计，帮助贫困农户调整产业结构，转变生产方式，参与区域主导产业发展，实现增收、脱贫。

（四）提升了贫困人口自我发展能力

利用先进科学技术的能力水平，是贫困人口自我发展能力的重要内容。在科技扶贫项目中，对贫困群众进行先进生产技术培训有专门的设计和要求。

三、新阶段开展科技扶贫的有利条件

（一）农村科技需求日趋旺盛

包括贫困农户在内的广大农民，越来越认识到科技是脱贫致富的主要法宝。随着农村社会经济活动的日趋活跃，科技需求、特别是对先进适用高效技术的需求与日俱增。

（二）科技成果转化动力增强

"科技是第一生产力"已经成为社会共识，各类科技人员和科技机构将科技成果转化为现实生产力的主动性和积极性不断提升，为科技扶贫工作提供了日益强大的科技成果支撑。

（三）科技力量不断增强壮大

各类科技人员、特别是面向农业和农村经济发展的各类科技队伍不断壮大，包括新型农业推广机构在内的涉农科技机构自主创新和推广应用能力不断增强，为科技扶贫提供了牢固的科技力量支撑。

（四）农业产业化发展加快

我国农业产业化发展日新月异，包括农业龙头企业在内的农业产业化发展主体力量不断壮大，现代农业经营的主体力量不断壮大，为农业产业化持续、高效发展提供了强有力的经营主体支撑。

四、新阶段科技扶贫的主要思路

在继续加大贫困地区良种良法推广力度，培育一批科技型扶贫龙头企业的基础上，通过以下措施，推进科技扶贫。

(一) 加大科技成果转化力度

《国家"十二五"科学和技术发展规划》提出:"提高农业科技成果转化应用能力,促进农业产业发展和农民增收"。要把加强农业科技成果转化体系建设作为促进农业发展和农民增收的关键环节,继续加强星火计划、农业科技成果转化资金、科技富民强县专项行动的实施。推动科研单位同农民专业合作社、龙头企业、农户等开展多种形式的技术合作。

(二) 继续开展科技特派员农村科技创业行动

在全国建立一支20万人左右的科技特派员队伍,推进农业农村科技创新创业。围绕我国现代农业和新农村建设对科技的需求,深入开展科技特派员农村科技创业行动,以农村科技创业和新型农村科技服务体系建设为核心,引导科技人员深入农村基层、农业一线进行科技创业和服务,创建和完善农村科技服务模式,培养农村科技创业人才,宣传农村科技创业典型,促进科技知识、资本、管理等生产要素向农村集聚,为农村改革发展注入新的活力,促进城乡统筹发展。

(三) 建立健全农村科技服务体系

加强农村信息化技术集成与示范,构建覆盖全国的公益性推广服务、社会化创业服务、多元化科技服务三位一体相互促进的农村科技服务新格局。建立以现代农业龙头企业为中心、农民专业组织为依托、科技特派员服务站为中介、信息技术为支撑的新型社会化农村科技服务体系。继续完善农业高等学校和科研机构农技推广、农业专家大院、农村科技合作组织、星火科技 12396 等各具特色的多元化农村科技服务模式。

（四）继续实施科技扶贫综合试点项目

针对新形势、新任务、新要求，进一步完善机制，规范操作，提升科技扶贫综合试点水平和成效。一是区域集中。科技扶贫的重点工作区域进一步集中到集中连片特殊困难地区，突出科技对集中连片特殊困难地区发展的支持和推动作用。二是产业集中。以集中连片特殊困难地区为基本实施单位，从集中连片特殊困难地区自身的比较优势、发展潜力和减灾避灾要求等因素出发，确定区域特色优势产业类型。在科技扶贫项目实施中，将优势特色产业作为支持的必备条件。在项目申报中，通过地区产业发展规划、相关省区对该产业的支持、配套政策等条件，对支持产业的类型进行限定；在项目评审中，增加产业分析环节，确定其对本地区特色优势产业发展的支持和推动作用。三是资金集中。在区域集中和产业集中的基础上，通过连续支持、动态跟踪等措施，将有限的科技扶贫资金，集中使用到集中连片特殊困难地区的重点产业上。发挥科技扶贫资金集中使用效应。同时，积极吸收贵州晴隆种草养畜、甘肃渭源马铃薯种薯等科技扶贫项目成功经验，变一次性资金扶持为按照项目发展实际需要分年度进行连续扶持，支持集中连片地区特色优势产业从小变大，从弱到强。

完善基础设施建设

　　基础设施建设是我国扶贫开发战略体系当中的一项重要举措，涵盖经济、社会和生态三个方面，对改善贫困地区生产生活条件，增强贫困地区发展能力，缩小城乡、区域发展差距具有十分重要的意义。《中国农村扶贫开发纲要（2011—2020年）》第二十二条要求："推进贫困地区土地整治，加快中低产田改造，开展土地平整，提高耕地质量。推进大中型灌区续建配套与节水改造和小型农田水利建设，发展高效节水灌溉，扶持修建小微型水利设施，抓好病险水库（闸）除险加固工程和灌溉排水泵站更新改造，加强中小河流治理、山洪地质灾害防治及水土流失综合治理。积极实施农村饮水安全工程。加大牧区游牧民定居工程实施力度。加快贫困地区通乡、通村道路建设，积极发展农村配送物流。继续推进水电新农村电气化、小水电代燃料工程建设和农村电网改造升级，实现城乡用电同网同价。普及信息服务，优先实施重点县村村通有线电视、电话、互联网工程。加快农村邮政网络建设，推进电信网、广电网、互联网三网融合。"

一、基础设施建设对我国扶贫开发做出了重大贡献

　　我国的扶贫开发注重发展贫困地区的生产力，走开发式扶

贫的道路，通过多种方式和途径，采取综合配套措施，帮助农村贫困人口脱贫。开发式扶贫方针要求支持、鼓励贫困地区干部群众改善生产条件，开发当地资源，发展商品生产，增强自我积累和自我发展能力。其中，基础设施建设是基础。

《国家"八七"扶贫攻坚计划（1994—2000年）》所确定的三项奋斗目标都与基础设施建设密切相关。《中国农村扶贫开发纲要（2000—2010年）》提出的奋斗目标中，特别强调了要进一步改善贫困地区的基本生产生活条件，加强贫困乡村的基础设施建设，改善生态环境，逐步改变贫困地区经济、社会、文化的落后状况，为达到小康水平创造条件。

经过二十多年的努力，贫困地区基础设施大幅改善，有力地促进了贫困地区经济社会全面协调可持续发展。农田水利改造成效显著，贫困地区产业开发能力和水平都显著提高。贫困村通路、通电、通邮、通电话、通广播电视比重大幅提高，饮水困难问题得到极大程度的缓解，生产生活条件得到明显改善，发展能力显著增强。贫困地区村容村貌改造实现重大进展，农村发展水平大幅提升。

二、继续加强贫困地区基础设施建设的必要性

（一）新时期扶贫开发的指导思想确定了基础设施建设的重要地位

《中国农村扶贫开发纲要（2011—2020年）》在第四条"指导思想"中提出，新十年扶贫开发要"更加注重转变经济

发展方式,更加注重增强扶贫对象自我发展能力,更加注重基本公共服务均等化,更加注重解决制约发展的突出问题,努力推动贫困地区经济社会更好更快发展。"基础设施建设是落实上述指导思想的主要举措。转变经济发展方式,需要协调推进经济、社会和生态基础设施建设;提高扶贫对象自我发展能力需要加强生产性基础设施建设;公共服务均等化需要加强教育、卫生、文化、养老、信息等领域的基础设施建设;解决制约发展的突出问题更需要深入开展基础设施建设,消除贫困地区发展致富的主要障碍。

(二)新时期扶贫开发的目标任务和战略举措揭示了基础设施建设的主要内容

《中国农村扶贫开发纲要(2011—2020年)》在第八条"主要任务"中为新十年扶贫开发确定了十二项任务。其中,"基本农田和农田水利"、"饮水安全"、"生产生活用电"、"交通"、"农村危房改造"等五项与基础设施建设直接相关;"特色优势产业"、"教育"、"医疗卫生"、"公共文化"、"社会保障"、"人口和计划生育"、"林业和生态"等七项与基础设施建设有间接但十分密切的联系。在第十二条"易地扶贫搬迁"、第十三条"整村推进"、第十四条"以工代赈"、第十五条"产业扶贫"、第十七条"扶贫试点"和第十八条"革命老区建设"等专项扶贫举措中,明确了专项扶贫中加强基础设施建设的任务;在第二十条"发展特色产业"、第二十一条"开展科技扶贫"、第二十二条"完善基础设施"、第二十三条"发展教育文化事业"、第二十四条"改善公共卫生和人口服务管理"、第二十五条"完善社会保障制度"和第二十六条"重视能源和生态环境建设"中,明确了行业扶贫措施中基础设施建设的任务。

(三)新时期扶贫开发的基本原则、对象范围、政策保障和组织领导表明了基础设施建设的基本模式

《中国农村扶贫开发纲要(2011—2020年)》在第六条"基本原则"中提出了新十年扶贫开发应遵循的基本原则,同时也是对开展基础设施建设提出的具体要求;在第十条"连片特困地区"中,提出"要加大统筹协调力度,集中实施一批教育、卫生、文化、就业、社会保障等民生工程,大力改善生产生活条件,培育壮大一批特色优势产业,加快区域性主要基础设施建设步伐,加强生态建设和环境保护,着力解决制约发展的瓶颈问题,促进基本公共服务均等化,从根本上改变连片特困地区面貌",为在扶贫攻坚主战场加强基础设施建设明确了工作重点和努力方向;在第三十二条"政策体系"、第三十三条"财税支持"、第三十四条"投资倾斜"、第三十五条"金融服务"、第三十六条"产业扶持"、第三十七条"土地使用"和第三十八条"生态建设"中,确定了保障基础设施建设的途径和措施。

三、大力推进基础设施建设,为全面完成新阶段扶贫开发目标任务做出积极贡献

(一)推进基础设施建设,促进贫困地区经济发展

一是要加强基本农田建设,改造贫困地区中低产田,平整

土地，提高耕地质量，切实保障农业生产；二是加强农村水利工程改造和建设，支持贫困地区发展农业基本生产，完善产业体系；三是支持贫困地区发展特色优势产业，促进贫困地区优化产业结构，稳定提高农民收入；四是切实抓好专项扶贫重点工作中的基础设施建设，使易地扶贫搬迁、整村推进、以工代赈和产业扶贫等专项扶贫措施切实发挥作用。

(二) 推进基础设施建设，促进贫困地区社会进步

一是要加强农村饮水工程建设，继续有效解决贫困地区人畜饮水难的问题；二是推进电力基础设施建设，扩大电力设施普及面；三是发展公路交通，加快贫困地区通乡、通村道路建设；四是推进农村危房改造，改善贫困群众基本住房条件；五是加强教育、卫生和文化基础设施建设，促进贫困地区教育、卫生和文化事业发展，加快城乡公共服务一体化进程；六是加强贫困地区农村信息化建设，进一步提高电视、电话和互联网的覆盖面，普及信息服务。

(三) 推进基础设施建设，改善贫困地区生态环境

加强贫困地区生态建设，加大生态环境恢复和保护力度，大力发展科技扶贫，促进贫困地区经济、社会和自然均衡发展。一是要进一步创新贫困地区能源开发利用方式，大力发展清洁能源；二是推进贫困地区改水、改厨、改厕、改圈，加大农村环境综合整治力度，改善乡村人居环境；三是加强森林、草原保护，加大自然保护区建设力度，巩固退耕还林还草成果，恢复天然植被和生态功能；四是加大自然灾害防治力度，提高应

对灾害风险的能力。

（四）完善政策实施模式和工作机制，提高基础设施建设的成效

基础设施十分重要，但建设难度大，投资需求大，建设时期长，要完善政策实施模式和工作机制，努力提高基础设施建设的效率。一是要加强规划，根据贫困地区经济社会发展的需要，统筹规划，全面推进经济、社会和生态基础设施建设，实现经济社会全面发展；二是加强整合，充分利用专项扶贫、行业扶贫、社会扶贫的资源，充分发挥扶贫部门和其他行业部门与社会力量的作用；三是要强化保障，增加资源投入力度，加强能力建设，完善规章制度，做到科学建设，科学管理。

发展教育文化事业

发展贫困地区的教育文化事业是扶贫开发工作的重要组成部分,是行业扶贫的重点工作任务之一。《中国农村扶贫开发纲要(2011—2020年)》第二十三条要求:"推进贫困地区适当集中办学,加快寄宿制学校建设,加大对边远贫困地区学前教育的扶持力度,逐步提高农村义务教育家庭经济困难寄宿生生活补助标准。免除中等职业教育学校家庭经济困难学生和涉农专业学生学费,继续落实国家助学金政策。在民族地区全面推广国家通用语言文字。推动农村中小学生营养改善工作。关心特殊教育,加大对各级各类残疾学生扶助力度。继续实施东部地区对口支援中西部地区高等学校计划和招生协作计划。贫困地区劳动力进城务工,输出地和输入地要积极开展就业培训。继续推进广播电视村村通、农村电影放映、文化信息资源共享和农家书屋等重大文化惠民工程建设。加强文化队伍建设。"

一、农村贫困地区教育文化事业发展现状

自我国有计划、有组织的大规模扶贫开发工作开始以来,在党中央、国务院的正确领导下,在各有关部门的大力扶持下,

经过贫困地区人民的艰苦努力和社会各界的大力支持，贫困地区教育文化事业发展取得了显著成绩。尤其是西部大开发和中部崛起战略实施以来，国家对中西部贫困地区支持力度加大，相继出台了一系列的倾斜政策，实施了一批重大工程项目，推动贫困地区教育文化事业实现大发展。

教育方面，"两基"攻坚计划如期完成，全民受教育水平显著提高。"两基"人口覆盖率已接近100%，青壮年文盲率降到5%以下。"两免一补"政策全面实施，惠及中西部所有义务教育阶段学生。农村寄宿制学校建设工程、农村中小学现代远程教育工程、中西部地区农村初中校舍改造工程以及农村特岗教师计划顺利推进，农村义务教育办学条件进一步改善。职业教育加快发展，国家支持中西部地区建成了一批中等职业技术学校、教育培训基地、实训基地。中部地区省份除河南以外高等教育毛入学率均达到或超过了25%，大多数西部省（区、市）的高等教育毛入学率达到或超过了15%，中西部农村贫困地区人民群众接受高等教育的机会显著增加。教师队伍建设进一步加强，师资水平明显提高，各级学校教师短缺的状况有了明显改善，教师待遇进一步提高。民族地区教育得到高度重视，五个少数民族自治区除西藏个别县外均已实现了义务教育的普及；高中阶段和高等教育中少数民族在校生人数大幅度增加，在园少数民族幼儿的比例明显提高；双语教学在新疆、西藏全面展开，少数民族教学质量不断提高。

文化建设方面，公共文化服务网络不断完善，2000—2008年，仅西部地区就新增博物馆179个、文化馆151个、综合文化站1421个，基本实现了县县有文化馆、图书馆，乡镇有综合文化站。西新工程、广播电视村村通工程、中央广播电视无线覆盖工程全面推进，广播综合覆盖率达到96%，电视覆盖率达到97%。农村电影放映、公共文化信息资源共享、农家书屋、送书下乡等重大项目，丰富了广大人民群众精神文化生活。加大了物质文化遗产和非物质文化遗产的保护力度，大量少数民族传统文化列入国家级非物质文化遗产名录，十多处著名景观、建筑列入世界文化自然遗产名录。

二、进一步加强贫困地区教育文化建设的必要性

教育文化建设与经济发展是相互依存、紧密相关的。贫困地区由于经济的落后而造成教育文化事业的落后，反过来由于文化落后而影响到经济的发展，这通常是一个恶性的循环。"治贫"先要"治愚"，只有把教育文化扶贫摆在重要位置上，从根本上提高人的素质，提高生产力水平，才能持续促进经济的发展，彻底改变贫穷落后的面貌。因而，教育和文化扶贫是一项具有战略意义的十分紧迫而重要的工作。早在2003年9月的全国农村教育工作会议上，温家宝总理就指出："在欠发达地区，摆脱经济贫困首先必须改变教育落后。'今天的辍学生，就是明天的贫困户'……我们要缩小教育差距，促进城乡之间、地区之间的协调发展，大力发展农村和欠发达地区的教育。"适应当前扶贫工作形势转变的需要，《中国农村扶贫开发纲要（2011—2020年）》不但将保障扶贫对象义务教育和贫困地区"基本公共服务主要领域指标接近全国平均水平"明确纳入未来10年扶贫开发的总体目标，而且在主要任务中，明确提

出了教育和公共文化的量化目标,把贫困地区教育文化建设提高到了空前重要的位置。

纵观我国农村贫困地区的教育文化事业改革开放 30 多年来的发展现状,确实取得了天翻地覆的变化。但横向来看,农村贫困地区教育文化发展水平还相对落后,与城市和东部相对发达地区相比依然存在着相当大的差距。

(一) 义务教育发展成果亟待巩固

虽然基本实现了"两基"全覆盖,但质量不高。不少贫困地区办学条件仍然较差,一些中小学校舍原本建设标准就低,再加上自然损耗和灾害,每年都有大量的新增危房。由于个别贫困家庭家长思想认识的差距、经济条件困难、学校布局调整后交通不便等因素的影响,子女完成义务教育前,尤其是初中阶段辍学率仍然偏高,在新生劳动力中又有新文盲或半文盲产生。

(二) 高中阶段教育严重滞后

初中毕业生升学率远低于城市地区或发达农村地区。县级财政基本上都是"吃饭财政",高中阶段教育又是非义务教育,县级财政基本只能保证教职工工资的发放,很难有能力改善学校办学条件,贫困地区普遍存在高中校舍不足、教学设备简陋,大大制约了高中阶段教育的发展。

(三) 职业教育和培训难以与当今劳动力市场需求相对接

一方面总体投入不足,学校规模小、投入少,发展缓慢;

另一方面,办学条件普遍较差,专业设置单一,办学模式陈旧,培训水平相对较低,加上实训条件普遍较差,教学内容与就业市场需求不匹配,培训与就业难以实现有效对接,严重影响贫困地区劳动力的就业竞争力。由于传统观念的影响,重"普教"轻"职教"现象也较为突出,一些农村职业学校招生困难。

(四) 民族教育发展仍然面临特殊困难

西部地区许多少数民族家庭尚未脱贫,导致儿童,特别是女童的失学或辍学率较高。大多西部民族地区的双语教学,基本上还只是语言的简单学习,多停留在低层次上。能满足双语教学需要的师资非常缺乏,无论在质量上、数量上都亟待改善。

(五) 学前教育非常薄弱

农村学前教育机构短缺,大部分孩子不能进入幼儿园或学前班接受正规的学前教育,现有的学前教育机构无论是师资还是教学设施都比较匮乏,教育理念、教育行为及教师本身的素质距相关要求相差甚远,幼儿教师培训渠道狭窄,幼师队伍后备力量不足,很难满足大力发展农村学前教育的需要。

(六) 文化设施建设相对落后

长期以来,受经济发展水平的制约,公共文化设施建设出现大面积空白区域。近年来虽然做了不少工作,但多数文化设施建设水平还比较低,场馆面积狭小,设施破旧简陋,缺少必需的经费和设备,文化服务跟不上,使贫困地区文化生活一直处于匮乏状态，不能适应新形势下经济、社会发展和社会主义精神文明建设的需要。

（七）农村贫困地区教育文化从业人员总体素质不高，人才流失严重

由于工作条件恶劣，待遇差、工资低，许多骨干教师和管理干部人心不稳，寻找机会向城市和经济发达地区流动，使本来薄弱的工作队伍雪上加霜。

总之，农村贫困地区教育文化建设无论硬件还是软件仍然滞后，投入机制和管理体制上也存在不少问题，必须在新十年的扶贫开发工作中下大力气加以解决。

三、充分发挥部门扶贫优势，努力改变贫困地区教育文化局面

未来十年的扶贫开发工作，将是一曲集专项扶贫、行业扶贫、社会扶贫于一体的大合唱，作为行业扶贫的主要部门，发展改革、教育、文化、财政、人力资源与社会保障等相关部门，将在制定政策、编制规划、分配资金、安排项目等方面，继续对贫困地区倾斜，推进贫困地区教育文化建设事业进一步发展。

（一）支持贫困地区发展学前教育

把发展学前教育纳入社会主义新农村建设规划。建立政府主导、社会参与、公办民办并举的办园体制。大力发展公办幼儿园，积极扶持民办幼儿园。加大政府投入，完善成本合理分

担机制，对家庭经济困难幼儿入园给予补助。努力提高农村学前教育普及程度。着力保证留守儿童入园。采取多种形式扩大农村学前教育资源，改扩建、新建幼儿园，充分利用中小学布局调整富余的校舍和教师举办幼儿园（班）。发挥乡镇中心幼儿园对村幼儿园的示范指导作用。

（二）巩固提高贫困地区九年义务教育水平

适应贫困地区发展需要，合理规划学校布局，办好必要的教学点，方便学生就近入学。加快农村寄宿制学校建设，优先满足留守儿童住宿需求。采取必要措施，确保适龄儿童少年不因家庭经济困难、就学困难、学习困难等原因而失学，努力消除辍学现象。大力缩小区域差距，加大对革命老区、民族地区、边疆地区、贫困地区义务教育的转移支付力度。鼓励发达地区支援欠发达地区。提倡合理膳食，改善学生营养状况，提高贫困地区农村学生营养水平。建立城乡一体化义务教育发展机制，在财政拨款、学校建设、教师配置等方面向农村倾斜。推进义务教育均衡发展。坚持以输入地政府管理为主、以全日制公办中小学为主，确保进城务工人员随迁子女平等地接受义务教育，研究制定进城务工人员随迁子女接受义务教育后在当地参加升学考试的办法。

（三）加大对中西部贫困地区高中阶段教育的扶持力度

根据经济社会发展需要，合理确定普通高中和中等职业学校招生比例，今后一个时期总体保持普通高中和中等职业学校招生规模大体相当。注重培养学生自主学习、自强自立和适应社会的能力，克服应试教育倾向。到 2015 年，贫困地区高中阶段教育毛入学率达到 80%。到 2020 年，普及高中阶段教育，满足贫困地区初中毕业生接受高中阶段教育需求。

（四）加快发展面向农村的职业教育

把加强职业教育作为服务社会主义新农村建设的重要内容。加强基础教育、职业教育和成人教育统筹，促进农科教结合。继续加大对农村困难家庭学生的扶持力度，免除中等职业教育学校家庭经济困难学生和涉农专业学生学费，继续落实国家助学金政策。扩大农村职业教育培训覆盖面。强化职业教育资源的统筹协调和综合利用，推进城乡、区域合作，增强服务"三农"能力。加强涉农专业建设，加大培养适应农业和农村发展需要的专业人才力度。支持各级各类学校积极参与培养有文化、懂技术、会经营的新型农民，开展进城务工人员、农村劳动力转移培训。逐步实施农村新成长劳动力免费劳动预备制培训。

（五）重视和支持民族教育事业

加强对民族教育工作的领导，全面贯彻党的民族政策，切实解决少数民族和民族地区教育事业发展面临的特殊困难和突出问题。全面提高少数民族和民族地区教育发展水平，公共教育资源要向民族地区倾斜，中央和地方政府要进一步加大对民族教育支持力度，促进民族地区各级各类教育协调发展。巩固民族地区义务教育普及成果，确保适龄儿童少年依法接受义务教育，全面提高普及水平，全面提高教育教学质量。支持边境县和民族自治地方贫困县义务教育学校标准化建设，加强民族地区寄宿制学校建设。加快民族地区高中阶段教育发展,支持教育基础薄弱地区改扩建、新建一批高中阶段学校。大力发展民族地区职业教育,加大对民族地区中等职业教育的支持力度。积极发展民族地区高等教育,支持民族院校加强学科和人才队伍建设,提高办学质量和管理水平,进一步办好高校民族预科班。加大对人口较少民族教育事业的扶持力度,大力推进双语教学,全面开设汉语文课程,全面推广国家通用语言文字,尊重和保障少数民族使用本民族语言文字接受教育的权利。全面加强学前双语教育,国家对双语教学的师资培养培训、教学研究、教材开发和出版给予支持。

(六)关心和支持特殊教育

各级政府把特殊教育事业纳入当地经济社会发展规划,列入议事日程。倡导全社会关心支持特殊教育,逐步完善特殊教育体系。全面提高残疾儿童少年义务教育普及水平,加快发展残疾人高中阶段教育,大力推进残疾人职业教育,重视发展残疾人高等教育,因地制宜发展残疾儿童学前教育。注重提高残疾学生的综合素质,注重潜能开发和缺陷补偿,培养残疾学生积极面对人生、全面融入社会的意识和自尊、自信、自立、自强的精神。加强残疾学生职业技能和就业能力培养,健全特殊教育保障机制。国家制定特殊教育学校基本办学标准,地方政府制定学生人均公用经费标准,加大对特殊教育的投入力度。鼓励和支持接收残疾学生的普通学校为残疾学生创造学习生活条件。加强特殊教育师资队伍建设,采取措施落实特殊教育教师待遇,在优秀教师表彰中提高特殊教育教师比例。加大对家庭经济困难残疾学生的资助力度,逐步实施残疾学生高中阶段免费教育。

(七) 实施中西部高等教育振兴计划

新增招生计划向中西部高等教育资源短缺地区倾斜,扩大东部高校在中西部地区招生规模,加大东部高校对西部高校对口支援力度。继续实施"东部地区对口支援西部地区高等学校计划"。根据西部地区重点建设高校的学科特点和意愿,北京大学、清华大学等东部高校继续采取一对一的方式,以学科专业建设、师资队伍建设、学校管理制度与运行机制建设为重点,实施对中西部受援高校的支援和全方位合作。继续推进受援高校全面提升教学、科研和管理水平,为受援高校的长远发展注入新动力。教育部将在教育事业发展、资金分配、教学科研项目、学科建设、人才培养基地建设、国际交流与合作等方面对"对口支援计划"的实施给予支持。教育部继续安排北京、天津、辽宁等15个支援省市继续面向山西、内蒙古、安徽、河南、广西、贵州、云南、甘肃等中西部8省区开展"支援中西部地区招生协作计划",并逐步扩大招生计划,加强宏观调控,促进高等教育入学机会公平。

(八) 加强农村贫困地区劳动力就业技能培训

认真落实《国务院办公厅关于进一步做好农民工培训工作的指导意见》(国办发〔2010〕11号)文件精神,全面推进"特别培训计划"、"农村劳动力转移培训计划"、"星火计划"、"建筑业农民工技能培训示范工程"、"阳光工程"、"雨露计划"

以及其他各类培训活动,形成各行各业合力开展劳动力就业技能培训的新局面。在各类培训工作中,进一步加强对中西部贫困地区的倾斜力度,统筹规划,合理布局,加大投入,科学管理,奏响农村贫困地区劳动力资源开发交响乐。

(九) 继续推进文化惠民工程

文化惠民工程是中共十七大提出来的一项宏伟工程,是社会主义文化大发展、大繁荣的一项重大举措,也是一项惠及全国人民,普及大众文化的工程,包括广播电视村村通工程、全国文化信息资源共享工程、农村电影放映工程、农家书屋工程、西部开发助学工程和电视进万家工程等重点项目。在新时期的扶贫开发工作中,有关部门将在上述各项工作中,进一步加大对中西部贫困地区、革命老区、边疆地区和少数民族地区的倾斜力度,力求通过文化惠民工程的实施,使先进的思想、观念、知识等走进千家万户,激励各族群众净化心灵、陶冶情操,树立与跨越式发展要求相适应的机遇意识、责任意识、创新意识。同时,要进一步加强贫困地区的文化基础设施建设和干部队伍建设,为新时期贫困地区文化建设提供组织保障。

改善公共卫生和人口服务管理

《中国农村扶贫开发纲要（2011—2020年）》要求，"提高新型农村合作医疗和医疗救助保障水平。进一步健全贫困地区基层医疗卫生服务体系，改善医疗与康复服务设施条件。加强妇幼保健机构能力建设。加大重大疾病和地方病防控力度。继续实施万名医师支援农村卫生工程，组织城市医务人员在农村开展诊疗服务、临床教学、技术培训等多种形式的帮扶活动，提高县医院和乡镇卫生院的技术水平和服务能力。加强贫困地区人口和计划生育工作，进一步完善农村计划生育家庭奖励扶助制度、'少生快富'工程和计划生育家庭特别扶助制度，加大对计划生育扶贫对象的扶持力度，加强流动人口计划生育服务管理。"

一、改善贫困地区公共卫生状况

扶贫开发工作中，始终把贫困地区的公共卫生事业放在重要位置，采取有效措施，努力防止因病致贫、因病返贫。1994年颁布实施的《国家八七扶贫攻坚计划》明确要求，要改变贫困地区教育文化卫生的落后状况，改善医疗卫生条件，防治和减少地方病,预防残疾。2001年颁布实施的《中国农村扶贫开发纲要(2001—2010年)》进一步要求将"重视科技、教育、卫生、文化事业的发展"作为重要内容,将"做到大多数贫困乡有卫生院、贫困村有卫生室,基本控制贫困地区的主要地方病"作为奋斗目标。

多年的扶贫开发实践中,党和政府采取一系列措施,努力提高贫困地区公共卫生服务水平,改善贫困人口的健康状况。经过多年努力,在重点县,已经做到乡乡建有卫生院,绝大多数贫困村设有卫生室,新型农村合作医疗的普及率达到93.3%,农民有病能及时就医的比重达到91.4%。

但是,从总体情况看,贫困地区在公共卫生服务方面还存在着供给不足、受益不均的问题。由于基本公共服务资源布局不合理,贫困地区公益性服务领域投入长期不足,重基本建设投入轻运行投入,造成公共服务可及性差,难以满足社会需求。2010年,贫困地区有病不能及时就医的占农村人口的8.6%,主要原因是两个:一是经济困难,占54.5%;二是医院太远,占34.6%。新型农村合作医疗参合率,全国农村98.7%,人均报销27元;贫困地区93.3%,人均报销14元。

《中国农村扶贫开发纲要(2011—2020年)》将保障扶贫对象基本医疗作为未来十年的奋斗目标之一,并提出分阶段的具体目标:"到2015年,贫困地区县、乡、村三级医疗卫生服务网基本健全,县级医院的能力和水平明显提高,每个乡镇有1所政府举办的卫生院,每个行政村有卫生室;新型农村合作医疗参合率稳定在90%以上,门诊统筹全覆盖基本实现;逐步提高儿童重大疾病的保障水平,重大传染病和地方病得到有效控制；每个乡镇卫生院有 1 名全科医生。到 2020 年，贫困地区群众获得公共卫生和基本医疗服务更加均等。"

为了实现这些目标，要继续做好以下工作：一是进一步探索和完善新农合运行机制，促进贫困人口公平受益。二是进一步完善贫困地区卫生服务网络建设，按照每个乡镇有一所政府举办的乡镇卫生院，采取多种形式支持村卫生室建设的原则，指导各地加强乡、村两级卫生机构建设，完善卫生服务条件。三是加强贫困地区卫生队伍建设，继续开展农村卫生人员免费岗位培训项目，重点培训乡村两级内儿科人员。四是继续开展对口支援乡镇卫生院工作，鼓励各地开展形式多样的卫生支农工作，推动对口支援乡镇卫生院项目长效机制的建设。

二、提高贫困地区人口服务水平管理

人口问题始终是制约我国经济社会全面协调可持续发展的重大问题，也是影响贫困地区、贫困人口发展的关键因素。人口增长过快，增加了贫困地区的资源环境压力，冲抵了经济增长带来的福利，影响了贫困家庭劳动力的基本素质。因此，贫困地区实现稳定脱贫和尽快致富必须打破"越生越穷、越穷越生"的恶性循环。

国家实施有组织、有计划、大规模扶贫开发以来，一直强调要把扶贫开发与计划生育工作有机结合。《国家八七扶贫攻坚计划》就明确要求，"严格实行计划生育，将人口自然增长率控制在国家规定的范围内。"《中国农村扶贫开发纲要（2001—2010 年）》进一步要求，扶贫开发必须与计划生育相结合，控制贫困地区人口的过快增长，实现资源、人口和环境的良性循环，提高贫困地区可持续发展的能力。

根据这样的指导思想，人口计生委、财政部和扶贫办于2004年启动了"少生快富"扶贫工程，对执行计划生育政策的贫困家庭给予直接的现金补助，创新了计划生育政策的正向激励机制。各地积极实践，大胆探索，创造了许多成功的经验。在整村推进、移民扶贫、产业发展、劳动力培训、互助资金、小额信贷等扶贫项目的安排上，优先考虑计划生育家庭，加大政策支持力度，使他们在获得资金补助的同时，提高自我发展能力，加快脱贫致富步伐。通过这些努力，贫困地区的计划生育工作克服重重困难，取得积极进展。据国家人口计生委统计，2010年国家扶贫开发工作重点县三孩及以上出生人口比重已经接近非重点县。这有利于缓解人口对资源环境的压力，促进贫困地区农户脱贫致富。

但是，从面上看，贫困地区依然是人口计划生育工作的重点和难点地区。贫困地区自然条件恶劣，经济发展严重滞后，基本公共服务水平偏低，社会事业落后，群众生育观念没有根本转变，加之人口流动性大，稳定低生育水平、提高人口素质还存在诸多困难。因此，必须继续坚持扶贫开发与人口计划生育工作相结合，稳定贫困地区的低生育水平，提高贫困人口的基本素质，实现人口发展与资源环境协调、与经济发展同步。

（一）继续坚持计划生育基本国策不变，稳定贫困地区的低生育水平

《中国农村扶贫开发纲要（2011—2020年）》提出的奋斗目

标是,"到 2015 年,力争重点县人口自然增长率控制在 8‰ 以内,妇女总和生育率在 1.8 左右。到 2020 年,重点县低生育水平持续稳定,逐步实现人口均衡发展。"为了实现这一目标,必须制定有针对性的配套政策措施。要进一步完善贫困地区社会保障制度,逐步提高最低生活保障和五保供养水平,切实保障没有劳动能力和生活常年困难农村人口的基本生活。要加快新型农村社会养老保险制度覆盖进度,加快农村养老机构和服务设施建设,支持贫困地区建立健全养老服务体系,解决广大老年人养老问题,维护妇女基本权益,解除贫困家庭养儿防老的后顾之忧。要制定和实施更具导向性、优惠性和针对性的政策措施,使计划生育家庭在发展上有优势,政策上有优惠,社会上有优越感。要加大宣传教育力度,积极倡导科学、文明、进步的婚育观念,促进人口和计划生育惠民政策深入人心,引导群众遵纪守法,自觉实行计划生育。

(二)继续加大对计划生育家庭的支持力度,加快脱贫致富步伐

全面落实《中国农村扶贫开发纲要(2011—2020 年)》的工作部署,进一步完善农村计划生育家庭奖励扶助制度、"少生快富"工程和计划生育家庭特别扶助制度,加大对计划生育扶贫对象的扶持力度。扶贫资金和项目要向实行计划生育的贫困乡、村和扶贫对象倾斜。"十二五"期间,全国将实施 3 万个贫困村整村推进扶贫规划,各地要优先启动计划生育搞得好的贫困村整村推进扶贫规划。易地扶贫搬迁、产业化扶贫、劳动力培训转移等重点扶贫项目,在同等条件下,计划生育户要

优先,并加大扶持力度。各项定点帮扶措施,也要优先考虑计划生育扶贫对象,使他们成为定点扶贫中的直接受益者。

(三)继续提高贫困地区劳动力基本素质,变人口压力为人力资源优势

提高贫困地区劳动力素质,提供教育和卫生服务是关键。贫困地区各级政府要采取有效措施,加强出生缺陷干预能力建设,提高出生人口素质。要大力普及婴幼儿抚养和家庭教育的科学知识,开展婴幼儿早期教育。加大对边远贫困地区学前教育的扶持力度,提高学前三年教育毛入园率。巩固提高九年义务教育水平,推进边远贫困地区适当集中办学,加快寄宿制学校建设,逐步提高农村义务教育家庭经济困难寄宿生生活补助标准。免除中等职业教育学校家庭经济困难学生和涉农专业学生学费,继续落实国家助学金政策。在民族地区全面推广国家通用语言文字。推动农村中小学生营养改善工作。加强特殊教育,加大对各级各类残疾学生扶助力度。贫困地区劳动力进城务工,输出地和输入地要积极开展就业培训。通过全面提高劳动力素质,改善贫困家庭的生产生活质量,着力培育并不断增强贫困地区可持续发展能力,为国民经济社会发展提供合格的劳动者。

完善农村社会保障制度

农村社会保障工作事关农村改革发展稳定全局。党的十七大提出，要加快建立覆盖城乡居民的社会保障体系。完善农村社会保障体系，是立党为公、执政为民的具体体现，是推动科学发展、促进社会和谐的必然要求，也是实现全面建设小康社会的重要内容。《中国农村扶贫开发纲要（2011—2020年）》第二十五条要求："逐步提高农村最低生活保障和五保供养水平，切实保障没有劳动能力和生活常年困难农村人口的基本生活。健全自然灾害应急救助体系，完善受灾群众生活救助政策。加快新型农村社会养老保险制度覆盖进度，支持贫困地区加强社会保障服务体系建设。加快农村养老机构和服务设施建设，支持贫困地区建立健全养老服务体系，解决广大老年人养老问题。加快贫困地区社区建设。做好村庄规划，扩大农村危房改造试点，帮助贫困户解决基本住房安全问题。完善农民工就业、社会保障和户籍制度改革等政策。"

一、提高农村居民最低生活保障水平

改革开放以来，我国经济持续快速健康发展，不断加大扶贫开发和社会救助工作力度，农村贫困人口数量大幅减少。但是，仍有部分贫困人口尚未解决温饱问题，需要政府给予必要的救助，以保障其基本生活，并帮助其中有劳动能力的人积极劳动脱贫致富。党的十六大以来，部分地方积极探索建立农村最低生活保障制度，为全面解决农村贫困人口的基本生活问题打下了良好基础。2007年，在全国农村建立了农村最低生活保障制度，这是践行"三个代表"重要思想、落实科学发展观和构建社会主义和谐社会的必然要求，是解决农村贫困人口温饱问题的重要举措，也是建立覆盖城乡的社会保障体系的重要内容。对于促进农村经济社会发展，逐步缩小城乡差距，维护社会公平具有重要意义。目前，已有5000多万农村贫困农民纳入了这一保障体系。今后10年，要坚持开发式扶贫方针，实行扶贫开发和农村最低生活保障制度有效衔接。把扶贫开发作为脱贫致富的主要途径，鼓励和帮助有劳动能力的扶贫对象通过自身努力摆脱贫困；把农村最低生活保障制度作为解决温饱的基本手段。

二、健全自然灾害应急救助体系，完善受灾群众生活救助政策

进一步加强减灾救灾综合能力建设，继续完善自然灾害应急救助体系，提高减灾救灾科技能力，建立国家减灾委员会统一组织领导，民政等相关部门各负其责，上下联动、迅捷高效的自然灾害应急救助体系。建立灾情核查机制，按照国家自然灾害统计制度要求，及时准确核查灾情，为妥善安排受灾群众

基本生活提供决策依据。继续加大中央自然灾害救助资金投入力度，不断提高补助标准，完善受灾群众应急期救助、过渡期救助、遇难人员抚慰和丧葬、居民住房倒塌重建补助等有关救助政策。切实加强救灾资金和物资的发放管理，专账核算，专款专用，重点使用，确保救灾款物落实到户、落实到人，解决好受灾群众吃、穿、住等最基本的生活需求。

三、完善农村社会养老保险制度

长期以来，我国的养老保障制度局限于城镇单位职工，农村只有少量"五保户"享受低水平的生活保障。改革开放以来，也是首先改革城镇企业职工的基本养老保险制度，农村居民主要是依靠家庭和土地养老。随着城镇化和人口老龄化的发展，这种状况很难适应农村发展。20世纪90年代以来，一些地方进行了农村社会养老保险制度的探索。2008年，党的十七届三中全会决定提出："按照个人缴费、集体补助、政府补贴相结合的要求，建立新型农村社会养老保险制度。"2009年，正式启动了新农保试点，首批试点覆盖面达到11.8%。2010年试点范围扩大至23%左右。新农保制度实行普惠与激励相结合，年满60周岁的农村老年居民都可以领取由政府支付的基础养老金，农民自己个人缴纳的养老保险费全部计入个人账户，政府还给予补贴。新农保制度的建立，是中央继免除农业税，实行农业补贴和新型农村合作医疗之后的又一重大惠农政策，是建立覆盖居民的社会保障体系的又一重大突破。到2015年，要实现新农保制度全覆盖；要完善新农保政策，搞好与相关制度衔接和政策配套；要加强基金的监管，确保基金案例完整；要结合新农保制度推进情况，逐步推进城乡居民养老保险制度的统一。

四、加快农村养老机构和服务设施建设

把养老服务体系建设作为一项长期的战略任务，各级政府应对养老机构和社区养老服务设施等的建设和发展统筹考虑、整体规划。发挥市场在资源配置中的基础性作用，打破行业界限，开放社会养老服务市场，采取公建民营、民办公助、政府购买服务等多种模式，鼓励社会力量兴办养老机构。充分发挥专业化社会组织的力量，不断提高社会养老服务水平和效率，促进有序竞争机制的形成，实现合作共赢。充分依托现有资源，合理安排社会养老服务体系建设项目。分类完善不同养老服务设施的功能，优先解决好需求最迫切的孤老优抚对象、"三无"老人、"五保"及失能、半失能老年人的照料和护理问题。要不断改进管理，完善养老服务的服务规范、建设标准、评价体系，促进信息化建设，加快以养老护理员、社会工作者为重点的养老服务专业队伍建设，确保养老机构良性运行和可持续发展。在城乡规划和旧城改造中，将社区养老服务机构纳入整体规划。在税收、用地、水电、暖气等方面加大对养老机构的扶持力度。国家补助向贫困地区倾斜。

以政府投入为主，切实保障和逐步改善农村高龄老人、孤寡老人、残疾老人的生活水平。应着力解决城市无劳动能力、无生活来源、无法定赡养人的"三无"老人、孤残老人的生

活，全面落实农村五保供养政策，建立健全高龄老人生活和养老服务补贴制度，逐步提高受低保政策的独生子女家庭的社会保障补助标准，加大对农村独生子女家庭养老补贴力度，大幅度增加老年人照料机构和床位数以及医护、照料人员。

大力发展社会养老服务，全面发挥社会保障制度、家庭和社区养老功能以及社会养老产业的养老合力。养老、敬老是中华民族传统美德，家庭养老在我国具有源远流长的传统和优势，居家养老在很长时间内应作为我国养老的主要模式，要加强社会特别是少年儿童的尊老、爱老、养老教育。社区是连接居家养老与社会养老的重要环节，可以让老年人的生活护理、保持身心健康都不脱离自己的居家环境和人际关系，要充分发展社区在居家养老中的协调组织功能。在人口老龄化的条件下，老年服务产业具有巨大发展潜力。发展老年服务产业不仅满足老年人的物质和精神需要，还可以挖掘老年人的消费潜力，扩大社会需求，提高服务业比重，增强养老服务业的可持续性。

农村最低生活保障与扶贫开发两项制度衔接

党中央国务院始终高度重视农村贫困问题,把缓解和消除贫困作为全面建设小康社会的重要任务,农村最低生活保障和扶贫开发制度,是有效消除农村贫困现象的两项相辅相成的重大制度安排。《中国农村扶贫开发纲要(2011—2020年)》第五条要求:"坚持开发式扶贫方针,实行扶贫开发和农村最低生活保障制度有效衔接。"

一、实现农村最低生活保障与扶贫开发两项制度有效衔接的重要意义

在逐步建立和完善社会主义市场经济体制的过程中,农村最低生活保障和扶贫开发制度作为国家反贫困战略的两个重要支点,发挥了重要作用。农村最低生活保障为农村困难群众提供"兜底性"保障,通过政府给予物质救助维持其基本生存。近年来,农村最低生活保障制度逐步完善,重点对象基本实现应保尽保,管理逐步规范,保障标准和补助水平稳步提高。扶

贫开发对具有发展能力的贫困人口给予扶持，促进其脱贫致富。农村最低生活保障与扶贫开发制度相辅相成，相互促进，进而形成了农村最低生活保障维持生存、扶贫开发促进发展的工作格局。因此，党的十七届三中全会通过的《中共中央关于推进农村改革发展若干重大问题的决定》，明确提出要"实现农村最低生活保障制度和扶贫开发政策有效衔接"。

第一，实现两项制度有效衔接，是建立贫困瞄准机制的需要。扶贫工作首先要找准自己的工作对象，找不准对象，扶贫项目和资金就不能瞄准贫困人口，国家的扶贫政策就会流失。实行新的扶贫标准，最关键的问题在于，要努力把现有各项扶贫政策和措施真正、全面用于扶贫对象。中共十七届三中全会《中共中央关于推进农村改革发展若干重大问题的决定》明确提出：实行新的扶贫标准，对低收入人口全面实施扶贫政策。

第二，实现两项制度有效衔接，是建立多部门通用工作平台的需要。通过两项制度有效衔接，可以建立一套农村低收入农户信息系统，不仅为扶贫和民政部门的工作提供依据，也为各部门的反哺政策提供了一个通用的工作平台。

第三，实现两项制度有效衔接，是科学管理、分类扶持的需要。目前，农村贫困人口可分为两种类型、三种情况，一是丧失劳动能力的纯低保对象；二是有劳动能力的扶贫开发对象；扶贫开发对象当中，又包括一部分有劳动能力的低保对象，这部分人可交叉享受低保和扶贫开发两种政策。这种分类为我们在两轮驱动情况下科学管理扶贫工作对象奠定了基础，同时也有利于各政策主管部门因贫施策，分类扶持。帮扶对象明确了，部门责任清晰了，可以更好地做到应保尽保，应扶尽扶。

第四，实现两项制度有效衔接，是改进贫困识别方法的需要。两项制度有效衔接与过去的建档立卡，最大的不同有两点：一是多部门联合。以往是扶贫部门一家搞，其结果往往得不到相关部门的认可，难以形成部门合力，工作效果就大打折扣。现在是五个部门共同参与，工作成果是大家的，自然就会形成合力。认识到这一点非常重要。二是方法比较科学。过去是单纯的农户收入调查，不强调民主程序。现在关键是民主评议，再逐级审批，充分体现了群众意愿，能准确地反映客观情况，其结果既能让基层干部认可，也能让群众认可。

总之，实现两项制度有效衔接，是全面践行"三个代表"重要思想、贯彻落实科学发展观的必然要求，是高度关注民生、坚持以人为本执政理念的具体体现，是全面建设小康社会、消除绝对贫困现象的现实需要，也是借鉴国内外反贫困经验和教训的可行之路。做好两项制度衔接工作，对保障困难群众基本生活，提高农村低收入人口素质和自我发展能力，逐步缩小发展差距，维护社会公平正义，确保全体人民共享改革发展成果，实现党的十七大提出的到 2020 年"绝对贫困现象基本消除"的奋斗目标，具有重大意义。

二、农村最低生活保障与扶贫开发两项制度衔接工作开展情况

2009 年初，国务院扶贫办与民政部联合下发《关于开展农村最低生活保障制度与扶贫开发政策有效衔接试点工作的通

知》（国开办发［2009］1号），部署在河北、江苏、福建、河南、湖北、湖南、广西、重庆、甘肃、青海、新疆等11个省（自治区、直辖市）、20个县（市、区）所辖的340个乡（镇）、5955个行政村开展农村最低生活保障和扶贫开发两项制度有效衔接试点工作。2009年5月，国务院扶贫办、民政部、财政部、国家统计局、中国残联在前期试点工作开展基础上，联合下发了《关于做好农村最低生活保障制度和扶贫开发政策有效衔接试点工作的指导意见》（国开办发［2009］60号），并以附件形式下发了《关于农村最低生活保障制度和扶贫开发政策有效衔接试点工作实施方案》。2010年5月，国务院办公厅转发《扶贫办等部门关于做好农村最低生活保障制度和扶贫开发政策有效衔接扩大试点工作意见的通知》（国办发［2010］31号），将试点范围扩大到80%以上的国家扶贫开发工作重点县。试点工作取得了重要成果，积累了丰富的经验。

（一）探索了两项制度衔接的工作机制

1. 标准和规模的衔接。在鼓励各地自定扶贫标准的前提下，探索了扶贫标准和低保标准的统一，扶贫对象和低保对象一次识别的方法。将扶贫对象分为五保户、低保户和低保扶贫户三类，工作化繁为简，政策措施一目了然。

2. 程序衔接。各试点县按照国办31号文件的精神，实现了低保和扶贫对象识别工作在时间和程序上的统一。在初步确定乡、村低收入人口规模后，试点村采取农户申请、村（组）评议、乡审核、县（扶贫和民政部门）审批，逐级公示的流程识别对象。为了确保民主评议公正、公平，防止"穷人落榜"和"富人带帽"现象的发生。

3. 政策衔接。落实政策是两项制度有效衔接的重要目标，也是试点成败的关键。各省区市在试点工作中积极安排到户项目资金，用于扶持识别出的贫困户，部门联动，各负其责，分别落实帮扶措施。

4. 管理衔接。积极探索贫困农户及其信息的动态管理方法，对低保和扶贫对象实行动态管理，确保扶贫对象有进有出和信息更新，以便及时调整政策。

（二）摸清了试点范围贫困群体的基本情况

通过两项制度有效衔接试点工作，在全国获得了949个县的基础数据，其中571个县、11.6万个村的数据已经进入贫困农户信息管理系统，不仅为这些地方瞄准对象落实扶贫政策提供了依据，上传数据的汇总也为全国扶贫工作形势的分析、相关政策的制定提供了重要参考依据。

一是摸清了扶贫对象的规模和构成。到2010年12月底，在试点的949个县，共识别出扶贫标准以下人口5348.1万人，占试点县农村人口的15.6%。其中有扶贫对象3250.5万人，占农村人口的9.5%；低保对象823.8万人，占农村人口的2.4%；扶贫和低保交叉对象1146.7万人，占农村人口的3.3%；五保对象138万人，占农村人口0.4%。这些数据，有助于准确判断全国的贫困人口构成。

二是了解了主要的致贫因素。根据贫困农户信息管理系统收录的信息，在贫困人口致贫因素中，缺资金和生产资料的占

33.1%、长期生病的占25.4%、缺劳动力的占7.5%、缺技术的占7%、残疾人口占6%、受灾的占6.3%、上学负担重的占4.6%、其他占10.1%。这些数据,有助于根据致贫因素采取更有针对性的政策措施。

三是初步掌握了扶贫对象的基本需求。各地在贫困农户的信息登记过程中,对扶贫对象需要扶持的项目、规模和需要的投资等进行摸底,为制定到户政策和分类扶持提供了依据。

(三)搭建了落实政策的信息平台

一是初步建立了贫困农户信息管理系统。扩大试点过程中,我们对贫困农户信息管理系统进行了修改完善,并设计了单机版和网络版。为保证系统正常运行,经与国家信息中心协商,将系统挂在国家政务外网上,方便贫困农户信息录入和各相关部门查询。

二是丰富了信息内容。在第一批试点时,系统中只有贫困农户的信息,主要包括家庭成员情况、贫困状况、农户需求情况、农户受扶持情况。现在增加了行政村登记表和县登记表,让我们更多地了解到行政村的基本情况、基础设施现状、发展状况、生产生活条件、教育卫生和社会保障状况以及县一级基本情况和发展现状。

三是初步建立了工作信息平台。目前,系统中有11.6万个村和1162.8万户信息,为在大扶贫格局下,引导教育、卫生、广播电视、住房建设等部门及社会各界的资源向扶贫对象倾斜和捐助,搭建了通用的工作信息平台。

三、进一步做好两项制度有效衔接的工作要求

（一）总体目标

充分发挥农村最低生活保障和扶贫开发两项制度的作用，对农村最低生活保障对象，通过农村最低生活保障制度保障其基本生活；对农村低收入人口全面实施扶贫政策，从根本上稳定解决温饱并实现脱贫致富，为到2020年扶贫对象实现"两不愁、三保障"目标奠定基础。

（二）基本要求

在建立和完善农村最低生活保障制度的同时，继续坚持开发式扶贫方针，坚定不移地推进扶贫开发，发挥两项制度的整体效益。坚持公开、公平、公正的原则，合理确定农村最低生活保障和扶贫对象。针对农村低收入人口的地域分布特点和农村扶贫开发政策、最低生活保障制度的地区性差别，实行分类指导。

（三）强化工作

一是加强领导。要建立相关部门参与的工作机构，由主要领导负责。要制定出台相关文件，规范管理。要深入实际，加强指导，及时解决出现的问题。二是部门配合。扶贫部门要主动与相关部门沟通，各相关部门大力支持，积极配合，逐步建立了分工明确、定期协商、协同推进的工作机制。三是宣传发

动。要采取召开村民会议、发放材料、刷写标语等多种形式宣传两项制度有效衔接有关政策，动员群众广泛参与。四是组织培训。要根据全国统一要求，采取不同方式，对相关工作人员进行培训，以提高试点质量。五是落实经费。分级负责安排试点工作经费，确保了试点工作的运行。六是监督检查。确保试点工作任务落到实处。

重视能源和生态环境建设

解决贫困地区农户用能问题、保护生态环境是扶贫开发的一项重要任务。《中国农村扶贫开发纲要（2011—2020年）》第二十六条要求："加快贫困地区可再生能源开发利用，因地制宜发展小水电、太阳能、风能、生物质能，推广应用沼气、节能灶、固体成型燃料、秸秆气化集中供气站等生态能源建设项目，带动改水、改厨、改厕、改圈和秸秆综合利用。提高城镇生活污水和垃圾无害化处理率，加大农村环境综合治理力度。加强草原保护和建设，加强自然保护区建设和管理，大力支持退牧还草工程。采取禁牧、休牧、轮牧等措施，恢复天然草原植被和生态功能。加大泥石流、山体滑坡、崩塌等地质灾害防治力度，重点抓好灾害易发区内的监测预警、搬迁避让、工程治理等综合防治措施。"

一、能源和生态环境建设的必要性

能源和生态环境是人类生存和发展的必要条件。要有效解决贫困人口生存和发展问题，消除农村贫困，就必须加强能源和生态建设。与农村经济贫困相伴随的是能源贫困，其特征是化石能源、优质能源、商品能源消费比重低，以秸秆、薪柴直接燃烧为主的传统生物质能源消费比重高。能源贫困造成农村劳动力要在搜集秸秆、薪柴上耗费大量劳动时间，影响投入到其他生产活动的精力。秸秆、柴薪的直接燃烧利用方式，不但无法满足生产用能，制约了农村生产发展，还造成环境污染。据统计，全国仍有500万左右的农村人口用不上电，相当数量农户急需解决烧饭、取暖等燃料问题，更没有用于工农业生产用电。因地制宜发展小水电、太阳能、风能、生物质能，推广应用沼气、节能灶、固体成型燃料、秸秆气化集中供气站等生态能源建设项目，带动改水、改厨、改厕、改圈和秸秆综合利用，不但能够减轻农民劳动负担，改善生活环境和卫生状况，更重要的是能够推动农村劳务经济、农业生产和乡村经济的发展。确保农村人口都能够享受负担得起的能源服务，是国家能源战略、生态环境保护、新农村建设的一项重要任务。

生态环境恶劣是导致农村人口贫困的重要原因。据监测，我国70%以上的贫困人口主要集中在资源匮乏、环境恶劣的深山区、石山区、高寒山区、黄土高原区。由于环境恶劣，许多农民面临吃水困难、耕地土层瘠薄、旱涝灾害、地质灾害等问题，年年辛苦劳作，但收成甚微。要改变这些人口的贫困状态，必须加强生态环境建设，扭转生态环境恶化局面。加强林地保护和建设，恢复草原生态，既能解决水土流失、土地沙化、湿地萎缩、草地退化等问题，为农民提供可持续发展环境和农业生产条件，也可以使农民在提供生态服务中增加收入。

加强生态建设，是加快贫困地区经济社会持续发展的艰巨任务，也是提高生态环境承载能力，维护国家生态安全，保障长远发展空间的重要任务。党的十七大提出建设生态文明，基本形成节约资源能源和保护生态环境的产业结构、增长方式和消费模式。"十二五"规划纲要强调，面对日趋强化的资源环境约束，必须增强危机意识，树立绿色、低碳发展理念，加快构建资源节约、环境友好的生产方式和消费方式，增强可持续发展能力，提高生态文明水平；并提出要加大生态保护和建设力度，从源头上扭转生态环境恶化趋势。

二、能源和生态环境建设取得显著成效

（一）能源建设

党中央、国务院非常重视农村能源建设。过去几年，国家实施了沼气建设工程、小水电代燃料、金太阳示范工程、巩固退耕还林成果农村能源建设专项工程。这些工程都将居住在偏远山区的贫困农户作为重点予以扶持。截至2010年底，全国沼气用户达到4000万户，占全国适宜农户的33%，受益人口达1.55亿人，覆盖了全部适宜沼气建设的贫困地区。太阳能热水器总产量达到4900万平方米，保有量达到1.68亿平方米。太阳灶保有量达到了160多万台。金太阳示范工程对无电偏远山区贫困人口的建筑光电利用予以补贴，使许多农村人用上了太阳能光电能源。2010年小水电发电量超过2100亿度，小水电代燃料试点工作取得明显成效，解决了80多万山区农民群众的燃料问题。2008—2010年，为巩固退耕还林成果，国家安排专项资金近40亿元，建设沼气池181万口，节煤节柴灶99万台，

太阳灶（热水器）71万台，贫困人口占受益人口的1/3。大规模的农村能源建设，带动了农村改水、改厨、改厕、改圈和秸秆综合利用，对增加农村能源供应，促进农民增收、提高农户生活质量发挥了重要作用。

（二）生态环境建设

退耕还林和退牧还草是我国生态建设的重大工程，是在生态恶化的牧业区和农业区实施的惠民工程。国家对工程区农牧民实行优惠的财政补贴，不但取得显著的生态效益，保障了国家生态安全，也使许多贫困农民脱贫致富，生活改善。

自1999年开始到2010年，全国退耕还林工程共完成退耕造林1.39亿亩、荒山荒地造林2.51亿亩、封山育林3700万亩，累计造林4.27亿亩，工程覆盖了25个省（区、市）和新疆生产建设兵团的1897个县级单位，涉及农户3200万、1.24亿农民。2007年8月，国务院印发了《关于完善退耕还林政策的通知》（国发〔2007〕25号），退耕还林工程从全面建设转到巩固成果阶段，设立专项投资开展基本口粮田、农村能源、生态移民、后续产业发展、退耕林地补植补造五个方面的建设任务，重点解决退耕还林地区吃饭、烧柴存在困难农户的生计问题。到2010年，工程区累计建成稳产高产基本口粮田1795万亩，解决了近1500万退耕农户的吃饭问题，居住在生态环境恶劣、地质灾害频发地区的37万多退耕农民实现移民搬迁，生产生活条件明显改善。

2002年，国务院下发了《国务院关于加强草原保护与建设的若干意见》，提出了加强草原生态环境保护和实施退牧还草工程总体思路,强调要加强天然草原的恢复、治理和基本草场建设,并把退牧还草和逐步转变牧民生产生活方式结合起来。2003—2010年,退牧还草工程累计安排草原围栏建设任务7.78亿亩,中央累计投入资金209亿元,其中基本建设投资136亿元,饲料粮补助资金73亿元。工程涉及内蒙古、四川、云南、西藏、青海、甘肃、宁夏、新疆等8省区和新疆生产建设兵团的181个县(团场)、90多万农牧户、450多万农牧民。大规模的退牧还草,使工程区生态环境明显改善,草原植被盖度、牧草高度、可食鲜草产量显著提高,草原涵养水源、防止水土流失、防风固沙等生态功能逐步恢复。传统草原畜牧业生产方式加快转变,工程区2700多万个羊单位的牲畜从完全依赖天然草原放牧转变为舍饲半舍饲,部分退牧户处理牲畜转产,近20万退牧户人口外出务工。特色农牧产业及其他优势产业加速发展,形成了一批特色畜产品生产加工基地,增加了农牧民收入。

三、扎实推进贫困地区能源和生态环境建设

(一)进一步推进能源建设

随着农村经济社会的发展和人民生活水平的提高,农村能源人均消费水平将快速上升,对传统生物质能源消耗的比重趋于下降,优质能源的消费比重不断上升。贫困地区农民享受清洁化、优质化、产业化、现代化的能源服务,是全面建设小康社会的需要,也是社会主义物质文明的需要。今后,贫困地区能源建设,要以提供能负担得起的能源服务为目标,继续推进

农村沼气、小水电代燃料、金太阳示范、巩固退耕还林成果、农村能源建设工程，重点向贫困人口倾斜，解决贫困地区农民能源贫困问题。进一步加大财政投入，解决贫困地区能源建设中资金不足的问题。推动农村能源的产业化、市场化，引导社会资金投入，提高能源服务水平。支持和鼓励科技创新，解决生物质能源、太阳能、水能在偏远农村利用困难的问题。

（二）进一步加强生态环境建设

生态建设和保护要以解决贫困农户长远生计为核心，把生态建设与农民脱贫致富有机结合，在生态建设的同时带动农牧民创业增收，使工程区农牧民生活水平稳步提高。

加强草原生态环境保护与建设，切实解决退牧户长远生计问题，不断巩固和扩大成果，是退牧还草工程的工作目标。在水源和土壤条件较好、具备一定畜牧业生产功能的草原建设草原围栏，通过围栏实施休牧、轮牧并辅之以重度退化草原补播措施，促进草原生态恢复，逐步实现草畜平衡。把草原生态建设与解决牧民长远生计问题结合起来，在具有发展舍饲圈养条件的工程区，配套实施舍饲棚圈建设，解决退牧后发展舍饲圈养缺乏棚圈的问题。同时，在具备稳定地表水水源的工程区，配套实施人工饲草地建设，解决退牧后的饲料短缺问题。通过舍饲棚圈和人工饲草地建设，促进草原畜牧业向舍饲半舍饲转变，切实巩固退牧还草成果。加大财政补贴力度，减轻贫困地区和农牧民负担。在取消县及县以下资金配套要求的同时，适当提高围栏建设中央投资补助比例，确保围栏建设质量。适当提高退化草原补播草种费补助标准。

重视能源和生态环境建设

继续巩固退耕还林成果,加快基本口粮田、农村能源、生态移民、后续产业发展和补植补造建设任务,在逐步解决贫困农户当前生活困难和长远生计的基础上,巩固退耕还林成果。进一步完善计划,合理布局,将资金集中用于生活困难贫困退耕地区和贫困退耕农户。实施好生态移民,将生活在不具备人类生存条件地区的农民搬迁到环境承载力强、交通方便的地区,彻底消除他们陷入贫困的根源。加强对贫困农民劳动技能培训,提高其从事农业生产或外出打工的技能。利用巩固退耕还林成果专项资金,发展贫困地区特色种植业、养殖业,提高农民收入水平。

加强定点扶贫

党政机关和企事业单位定点扶贫是中国特色扶贫开发工作的重要组成部分。《中国农村扶贫开发纲要（2011—2020年）》第二十七条要求："中央和国家机关各部门各单位、人民团体、参照公务员法管理的事业单位和国有大型骨干企业、国有控股金融机构、国家重点科研院校、军队和武警部队，要积极参加定点扶贫，承担相应的定点扶贫任务。支持各民主党派中央、全国工商联参与定点扶贫工作。积极鼓励、引导、支持和帮助各类非公有制企业、社会组织承担定点扶贫任务。定点扶贫力争对重点县全覆盖。各定点扶贫单位要制定帮扶规划，积极筹措资金，定期选派优秀中青年干部挂职扶贫。地方各级党政机关和有关单位要切实做好定点扶贫工作，发挥党政领导定点帮扶的示范效应。"

一、发展历程

定点扶贫工作始于1986年，最初是由科技、农业、林业、地质矿产等10个部委分别在全国18个集中连片的贫困地区选定一个区域作为其联系点开展定点扶贫。1987年国务院召开第一次中央和国家机关定点扶贫工作会议后，越来越多的国家机关参与到这项工作中来。1994年制定《国家"八七"扶贫攻坚计划》后，中央和国家机关定点扶贫的格局基本形成，当时共有120个单位定点帮扶330个国定贫困县。

2001年，国家颁布实施《中国农村扶贫开发纲要（2001—2010年）》。为贯彻落实纲要，2002年召开了中央和国家机关定点扶贫工作会议，对定点扶贫工作进行了动员和部署。国务院扶贫开发领导小组、中央组织部、中央直属机关工委、中央国家机关工委、中央金融工委和中央企业工委联合印发了《关于进一步做好中央、国家机关各部门和各有关单位定点扶贫工作的意见》（国开发〔2002〕3号），确定了272个中央部委和企事业单位定点帮扶481个国家扶贫开发工作重点县。

2010年5月，中共中央办公厅、国务院办公厅印发了《关于进一步做好定点扶贫工作的通知》（厅字〔2010〕2号），对定点扶贫工作再次做出专门部署，明确提出了定点扶贫工作的总体任务和要求，进一步加强和推进定点扶贫工作。

二、定点扶贫工作的意义

定点扶贫是加大对革命老区、民族地区、边疆地区、贫困地区发展扶持力度的重要举措，也是定点扶贫单位贴近基层、了解民情、培养干部、转变作风、密切党群干群关系的重要途径。切实做好这项工作，对于确保完成扶贫开发任务，顺利实现全面建设小康社会奋斗目标，具有十分重要的意义。

(一)定点扶贫在缩小贫富差距、构建和谐社会的进程中具有不可替代的作用

各级党政机关和企事业单位通过开展定点扶贫工作,建立了一条直达通道,将人才、资金、科技、信息、服务等各方面的资源直接输送到定点扶贫地区,帮助改善生产生活条件,发展地方经济,增加农民收入,提高干部群众素质,切实为贫困地区和贫困群众办实事、解难事,得到了贫困地区广大干部群众的真诚拥护和充分肯定。在这个过程中,也为贫困地区带去了新的思想观念,带去了党和政府的温暖,充分显示出中国特色社会主义制度的优越性,对于推进扶贫开发进程、构建社会主义和谐社会做出了巨大贡献。

(二)定点扶贫在"大扶贫"工作格局中具有重要的示范作用

定点扶贫的主体是各级党政机关,决定了它在社会扶贫工作中的导向作用。中央国家机关的定点扶贫工作不仅有效带动了地方各级党政机关的定点扶贫,而且对于弘扬中华民族"扶危济困"的传统美德,带动社会各界参与扶贫都起到了重要的作用。不少定点扶贫单位和地方扶贫部门顺应这一形势,以定点扶贫为切入点,努力搭建各类平台,广泛动员企业、学校、科研院所、军队、社会组织、个人等社会各界参与扶贫开发,取得了显著的成效,为巩固和扩大"大扶贫"的工作格局做出了重要贡献。

（三）定点扶贫在促进机关转变作风和锻炼人才中具有积极作用

定点扶贫不只是一项单纯的业务工作和经济工作，更是一项政治性和社会性很强的工作，是各级党政机关等单位了解国情民意、服务基层群众、培养锻炼干部的重要渠道，也是企业承担社会责任，实现公益目标的广阔平台。很多单位在定点扶贫工作中，号召党员干部捐款捐物、结对帮扶，与贫困地区基层干部、农户建立起深厚的感情，定点扶贫双方党群关系、干群关系越来越密切。挂职干部在为基层办实事的过程中锻炼了能力、增长了才干、转变了作风，定点扶贫在落实国家人才战略中发挥了积极作用。

三、成效和做法

25年来，中央和国家机关、各民主党派中央、全国工商联、全军和武警部队、有关企事业单位等部门把定点扶贫作为党中央、国务院赋予的一项光荣的政治任务，认真开展帮扶工作，为贫困地区经济社会发展、贫困群众脱贫致富做出了重要的贡献。据统计，2002—2010年，中央单位定点扶贫共派出挂职干部3559人，赴定点县考察4.4万人次，其中部级1900余人次，直接投入资金和物资91亿元，帮助引进各类资金339亿元，举办培训班1.3万期，培训各级干部、技术人员和农村劳动力168万人次，资助贫困学生31.4万人。

在中央单位的带动下，各省（区、市）也广泛开展了省级定点扶贫工作。据统计,2002—2010年参加扶贫的地厅级单位有8319个,帮扶了7427个贫困乡、46090个贫困村,派出蹲点干部72981人,赴定点县考察30万人次,直接投入资金和物资358.6亿元,帮助引进各类资金324亿元,举办培训班6.93万期,培训干部、技术人员和劳动力558万人次,组织劳务输出260万人,资助贫困学生67.4万人。

中央国家机关等单位开展定点扶贫工作的实践经验,有三个鲜明特点:

一是注重发挥行业优势,帮助定点县改善基础设施、发展优势特色产业。如水利部坚持以"五水加科教"为主要内容,通过谋划定点县水利事业的快速发展促进和保障当地经济社会发展。交通部在汶川地震后将定点扶贫点调整到四川阿坝藏族羌族自治州,全面承担了阿坝州几个重灾县的公路建设任务,不但从机关选派3名同志组成第一批驻阿坝州扶贫联络组,还从全行业挑选出26名专业技术骨干到阿坝州进行交通灾后重建和交通扶贫援助工作。

二是注重发挥部门特点,利用联系面广、信息渠道多的特点,为定点县牵线搭桥,引进资金项目。如国务院办公厅定点扶贫河北怀安县8年来,累计为该县引进了40多个项目;外交部利用各种渠道,设立扶贫工作名誉大使,在外国驻华使领馆、我驻外使领馆、国内外大公司和非政府组织中广泛宣传扶贫工作,积极筹措帮扶资金,2001年以来筹集1.5亿多元支持金平、麻栗坡两县扶贫开发。

三是注重人才、技术投入,选派优秀挂职干部,开展培训、教育扶贫等工作,为定点县提供智力支持。如科技部10年选派

10届科技扶贫团,累计90人次,制订了《科技扶贫团管理办法》和《科技部科技扶贫团工作手册》,做到扶贫团岗前有培训、新老有交接、工作常交流。农业部不仅坚持选派干部到帮扶县挂职扶贫,还从帮扶县选派基层干部到机关挂职交流,起到了双向智力支持作用。农工民主党中央利用联系医药界知识分子的优势,在定点县推广中药材的种植,邀请有关方面专家现场指导,引进同济堂药业集团公司进驻,实行最低保护价收购,还指导当地制定了《中草药产业发展规划(2009—2020年)》。

在中央的号召下,各省(区、市)高度重视,把定点扶贫作为重要的民生工程来开展,不断创新定点扶贫工作方式,在联系贫困乡村,瞄准贫困人口,直接促进贫困人口发展等方面,发挥了显著作用,涌现出很多亮点。

一是领导挂点。绝大多数省(区、市)都建立并坚持党委常委、副省长(副主席、副市长)扶贫联系点制度,直接带动了省直机关以及地(市)、县各级党政机关与贫困乡、贫困村、贫困户挂钩帮扶,形成了省、市、县三级定点扶贫的工作机制和良好氛围。

二是综合帮扶。如重庆实行"集团扶贫",由一个综合部门牵头,多部门、多单位共同帮扶一个贫困县,综合提升当地经济社会发展水平。江苏省实行"一个省级机关、一个高等院校(科研单位)、一个大型企业、一个苏南市、一个苏北县"的"五方挂钩"的合力帮扶制度;对经济薄弱村,实行"一个扶贫指导员驻村、一个科技特派员挂钩、一个工商企业帮扶、一个富村结对、一个主导产业带动"的"五个一"工作机制,把党和政府的关怀、科技成果转化、市场经营手段和先进的致富理念同时带给贫困地区。

三是到村到户。许多省的定点扶贫工作都采取领导联系到县、单位包扶到村、党员联系到户的做法。如广东省全面部署了"规划到户、责任到人"工作，将全省3409个贫困村帮扶任务，全部分解到省直各单位、驻粤单位和珠三角发达市，并确定每年的6月30日为"广东扶贫济困日"；陕西省开展省直单位联县联乡包村扶贫的"两联一包"工作；青海省全面推行扶贫开发"户帮户、一扶一"结对帮扶贫困户活动。

四是考核激励。很多省的定点扶贫工作已经步入制度化，纳入考核和目标管理。辽宁省建立帮扶责任制和考核奖惩机制，加强对各定点扶贫单位扶贫工作情况的监督检查、考核评比，强化"一票否决"制度，确保省定点扶贫工作年初有部署、年中有检查、年底有成效；云南省委省政府出台了《完善省级机关企事业单位定点挂钩扶贫责任制度的意见》，省扶贫开发领导小组与各定点挂钩扶贫单位签订目标管理责任状，明确各挂钩单位分类投入标准和考核要求，年底对各单位开展定点扶贫情况进行考核、通报、表彰；新疆自治区落实"一把手"责任制，明确组织部门管人，扶贫部门管事，将社会帮扶年度考核与领导绩效考评挂钩。

四、进一步加强定点扶贫工作

为认真落实《中国农村扶贫开发纲要（2011—2020年）》提出的新任务，加大定点扶贫工作力度，下一步将重点把握以下方面：

(一) 进一步动员各方力量参与定点扶贫

按照《中国农村扶贫开发纲要（2011—2020年）》精神，定点扶贫要力争实现"两个全覆盖"：一是定点扶贫单位的全覆盖。所有的中央和国家机关各部门各单位、人民团体、参照公务员法管理的事业单位、国有大型骨干企业、国有控股金融机构、国家重点科研院校、军队和武警部队都承担定点扶贫任务，参加定点扶贫工作。二是对帮扶对象的全覆盖，也就是力争对重点县的全覆盖。目前国务院扶贫办正在着手制定新一轮定点扶贫结对关系的调整方案。一些省区市也在结合实际情况，挖掘资源，广泛动员，不断扩大定点扶贫对贫困乡村和贫困人口的覆盖面。

(二) 进一步加大定点扶贫工作力度

针对定点扶贫地区经济社会发展实际和现实需求，制定帮扶工作规划，规划要与当地扶贫开发规划相结合、与扶贫对象的需求相结合、与扶贫资源相结合。要以贫困乡村和农村贫困人口为工作对象，以解决定点扶贫地区经济社会发展中的突出矛盾和问题为工作重点，以整村推进、产业化扶贫、易地搬迁扶贫、基层干部和劳动力培训、基层组织建设等为工作抓手，努力为定点扶贫地区出实招、办实事、求实效。要加强人才教育、科技引进、技术服务、信息智力等方面的软件支持，增强贫困人口减贫的内生动力。

(三) 继续坚持定点扶贫工作一些行之有效的做法

要把开展定点扶贫工作与培养锻炼干部结合起来，做好挂职干部的选派工作，定期选派德才兼备、具有发展潜力和培养前途的优秀中青年干部赴定点扶贫地区挂职扶贫。要加强对挂职干部的管理和监督，并切实关心他们的工作和生活，消除他们的后顾之忧。要坚持领导责任到位、挂职干部到位、规划措施到位、项目管理到位、监督检查到位等定点扶贫工作机制，带着真心实意和真情实感，积极帮助当地党委政府解决长期困扰群众生产生活而贫困地区又无力解决的疑难问题，想贫困群众所想，急贫困群众所急，确保定点扶贫工作取得实效。

(四) 广泛宣传定点扶贫好的做法和典型经验

积极推广定点扶贫工作的新模式、新机制、新成效，进一步调动各方力量广泛参与定点扶贫的积极性和创造性，增强定点帮扶能力，创新定点扶贫机制，提高定点帮扶效益。充分认识加强定点扶贫宣传的重要性，切实加强组织领导，认真研究，周密部署，落实任务和责任，强化具体措施，同心协力抓好定点扶贫的宣传工作，营造全社会参与扶贫的良好氛围。

推进东西扶贫协作

组织东部地区与西部地区结对开展东西扶贫协作，是党中央、国务院为实现邓小平同志关于共同富裕伟大构想做出的重大战略部署，是中国特色扶贫开发事业的重要组成部分。《中国农村扶贫开发纲要（2011—2020年）》第二十八条要求："东西部扶贫协作双方要制定规划，在资金支持、产业发展、干部交流、人员培训以及劳动力转移就业等方面积极配合，发挥贫困地区自然资源和劳动力资源优势，做好对口帮扶工作。国家有关部门组织的行业对口帮扶，应与东西部扶贫协作结对关系相衔接。积极推进东中部地区支援西藏、新疆经济社会发展，继续完善对口帮扶的制度和措施。各省（自治区、直辖市）要根据实际情况，在当地组织开展区域性结对帮扶工作。"

一、东西扶贫协作工作实施情况

1996年7月，国务院办公厅转发《国务院扶贫开发领导小组关于组织经济较发达地区与经济欠发达地区开展扶贫协作的报告》（国办发［1996］26号），明确扶贫协作的意义、形式、内容、任务和要求，全面部署东西扶贫协作工作。《中国农村扶贫开发纲要（2001—2011年）》对此项工作进行了专门论述："继续做好沿海发达地区对口帮扶西部贫困地区的东西扶贫协作工作。要认真总结经验，根据扶贫开发规划，进一步扩大协作规模，提高工作水平，增强帮扶力度。对口帮扶双方的政府要积极倡导和组织学校结对帮扶工作；鼓励和引导各种层次、不同形式的民间交流与合作。特别是要注意在互利互惠的基础上，推进企业间的相互合作和共同发展"。这项工作开展十几年来，在帮助西部地区加快脱贫致富、帮助东部地区拓展发展空间、共同促进区域协调发展的实践中发挥了重要作用。东西部各省（区、市）密切配合，探索积累了领导互访、层层结对、联席会议、干部挂职、行业对口、社会参与等经验和做法，形成了政府援助、企业合作、社会帮扶、人才支持为主的基本工作框架。

初步统计，1996—2010年，东部共向西部无偿援助78.6亿元，引导企业投资6972.7亿元；援建学校5776所、公路14699公里、基本农田554.1万亩；组织安排西部劳务输出265万人次，培训各类人才59.9万人次，引进各种实用技术2991项；兴修人畜饮水工程，帮助解决了376.9万人、1090.1万头牲畜的饮水困难。2003—2010年，东部向西部直接派出扶贫挂职干部2738名（其中地厅级干部77名，县处级干部697名），教师、医生、农技等专业技术人才5358名，扶贫志愿者4815名；协作双方各级领导考察学习7万多人次（其中省级领导1734人次）。

2010年6月，经报国务院批准，国务院扶贫办对部分省区市扶贫协作关系进行了调整，调整后确定的新的东西扶贫协作结对关系为：北京市与内蒙古自治区、天津市与甘肃省、辽宁省与青海省、上海市与云南省、江苏省与陕西省、浙江省与四川省、福建省与宁夏回族自治区、山东省与重庆市、广东省与广西壮族自治区，以及大连、青岛、深圳、宁波市与贵州省、厦门市与甘肃省临夏回族自治州、珠海市与四川省凉山彝族自治州，其中浙江与四川的东西扶贫协作重点对四川省甘孜州、阿坝州、凉山州木里藏族自治县；天津与甘肃的东西扶贫协作重点对甘肃省甘南州、武威市天祝藏族自治县；辽宁与青海重点推进与西宁市和海东地区的东西扶贫协作。

二、加大东西扶贫协作工作力度的必要性

东西扶贫协作以扶贫开发为中心任务，以东西部区域协作为实施载体，在推动西部贫困地区加快发展的同时，也为东部地区开辟了广阔的发展空间，创造了新的发展机遇。新形势下，进一步加强东西扶贫协作工作，对于扩大内需，优化需求结构、供给结构、要素投入结构和区域经济结构、国土开发空间结构，加快转变经济发展方式，深入贯彻落实科学发展观，实现2020年基本消除绝对贫困现象和全面建成小康社会的奋斗目标，确保各族人民共享改革发展成果具有重要意义，这项工作必须长期坚持下去。

三、进一步加强东西扶贫协作工作

为认真落实《中国农村扶贫开发纲要（2011—2020年）》

提出的工作任务，国务院扶贫办正积极着手出台有关文件，完善和加强新阶段东西扶贫协作工作。新阶段，要继续坚持和完善已形成的东西扶贫协作结对关系，把连片特困地区作为主战场，把提高贫困人口自我发展能力作为中心任务，强化以政府援助、企业合作、社会帮扶、人才支持为基本框架的工作体系，同时加强这项工作的组织领导。

（一）明确总体要求

今后一个时期东西扶贫协作的总体要求是：高举中国特色社会主义伟大旗帜，以邓小平理论和"三个代表"重要思想为指导，深入贯彻落实科学发展观，坚持开发式扶贫方针，把稳定解决扶贫对象温饱、尽快实现脱贫致富作为首要任务，更加注重增强贫困人口自我发展能力，进一步加大东部对西部的财政援助、部门帮扶和人才支持力度，广泛动员社会各界力量积极参与。充分挖掘并发挥东西部各自比较优势，努力探寻并制定市场差异化战略，合理组织生产力要素的互补整合，实现区域经济协作共赢。重点引导东部地区各类企业到西部地区投资兴业，通过经贸往来、投资合作、产业互动、技术转让、人才流动、人力资源建设、文化交流和生态环境建设等方面合作实现东西部地区优势对接，宽领域、多层次、大范围推动东西部区域经济社会协调发展。

（二）完善结对关系

前述已经形成的东西扶贫协作结对关系要长期坚持下去。东西协作双方市县要层层结对，具体工作落实到相关部门。各省（自治区、直辖市）也要根据实际情况，按照东西扶贫协作工作的有关精神和原则，在当地组织开展区域性结对帮扶工作。

（三）突出工作重点

未来10年，东西扶贫协作要按照《中国农村扶贫开发纲要（2011—2020年）》的总体部署和要求，把连片特困地区作为主战场，把帮助西部地区培育市场主体、建立主导产业、提高贫困人口自我发展能力作为中心任务，不断提升贫困地区发展的内生活力。要以政府财政援助为引导，通过项目配套、奖励补助、贷款贴息等多种方式，努力动员各类企业通过产业联动、经贸互动、技术拉动、就业带动等形式，帮助西部地区开发各类优势和特色资源，培育持续增收产业和新的增长极。

（四）强化工作体系

进一步强化以政府援助、企业合作、社会帮扶、人才支持为基本框架的东西扶贫协作工作体系。政府援助是东西扶贫协作的重要基础，协作双方要协商明确东部对西部的财政支持基数，并根据实际情况逐步增加。财政援助的项目要向贫困乡村和贫困农户倾斜，要与西部专项扶贫规划相衔接，发挥引领性、示范性、探索性作用。企业合作是东西扶贫协作的内在活力，要通过政策引导、资金支持、舆论鼓励等多种方式，帮助东部地区企业到西部地区发展，支持双方企业开展合作，推动产业合理转移，实现双方合作共赢。社会帮扶是东西扶贫协作的重要力量。东部地区具有开展扶贫济困的丰富社会资源，东西扶贫协作要积极为东部地区社会各界参与西部地区扶贫开发搭建平台、创造机会、提供支持，鼓励开展爱心助学、义务支教、志愿服务等多种形式的社会帮扶活动。东部地区还可以发挥海外联系广泛的优势，积极动员港、澳、台同胞和海外侨胞参与东西扶贫协作。人才支持是东西扶贫协作的重要纽带，继续大力推动东西部地区之间党政干部、专业技术人员、企业经营管理人员、劳动力等多层次、全方位的人才交流和培训。鼓励东部地区设立东西扶贫协作人力资源建设基地，提高扶贫协作干部队伍工作水平，做好贫困地区劳动力转移就业技能培训。大力支持东部地区企业吸纳西部地区农民工就业，同时积极帮助西部地区农民工返乡创业。

东西扶贫协作是一项长期任务，协作双方要围绕国家扶贫开发总体部署，通过定期召开联席会议，主要领导考察互访，市县层层结对、部门对口帮扶等工作机制，共同研究制定明确的长期规划、近期目标、年度计划，将东西扶贫协作各项工作落到实处，并不断加强协作双方关于经济社会发展和扶贫开发工作等经验的交流。国家有关部门组织的行业对口帮扶也要与东西部扶贫协作结对关系相衔接。

（五）加强组织领导

国务院扶贫开发领导小组负责组织开展东西扶贫协作工作，日常工作由国务院扶贫开发领导小组办公室承担。东西部省（区、市）之间的扶贫协作关系确定和调整，由国务院扶贫开发领导小组办公室商有关省市研究提出，报国务院扶贫开发领导小组组长审批确定。国务院各部委、各直属单位组织开展的东西部行业对口帮扶要与东西扶贫协作结对安排相衔接。东西扶贫协作双方协商确定的市县结对方案及工作的长期规划、近期目标、年度计划等情况要及时报国务院扶贫开发领导小组办公室备案。国务院扶贫开发领导小组办公室要通过制定年度工作指导意见、开展业务培训、实地督促检查、组织舆论宣传等方式，加强对东西扶贫协作工作的指导协调。要逐步建立和完善东西扶贫协作工作行政首长责任考核机制。

发挥军队和武警部队的作用

军队和武警部队作为国家建设事业的一支重要力量,在推进我国扶贫开发工作中具有重要作用。《中国农村扶贫开发纲要(2011—2020年)》第二十九条提出:"坚持把地方扶贫开发所需与部队所能结合起来。部队应本着就地就近、量力而行、有所作为的原则,充分发挥组织严密、突击力强和人才、科技、装备等优势,积极参与地方扶贫开发,实现军地优势互补。"明确了军队和武警部队参与扶贫开发的地位、作用、原则、方法和努力方向。

一、军队和武警部队参与扶贫开发的意义和优势

在全面建设小康社会、构建社会主义和谐社会的伟大历史进程中,扶贫开发工作始终是关系党和国家事业发展全局的一项重要工作。我军是中国共产党绝对领导下的人民军队,帮助贫困群众脱贫致富、促进贫困地区经济社会发展,是党和国家赋予军队的一项重要任务,是践行我军性质宗旨的具体体现,也是人民军队的优良传统和义不容辞的责任。军队和武警部队参与扶贫开发,不仅能有效促进地方生产发展,实现人民生活

富裕,最大限度地实现好、维护好、发展好贫困群众的根本利益,推动贫困地区经济社会发展,对于巩固和发展军政军民团结和民族团结,密切党和军队与人民群众的血肉联系,巩固党执政的群众基础和社会基础,促进我国经济发展、政治稳定、民族团结、边疆巩固和社会和谐,将发挥重要推动作用。

军队和武警部队参与扶贫开发,有其特有优势和许多有利条件。

(一) 政治工作优势

我军是执行党的政治任务的武装集团,在长期实践中形成了一套完整的政治工作理论、方针、原则和方法,有着丰富的思想政治工作经验和一大批善于做思想政治工作的骨干。部队参与扶贫开发,能充分发挥这一特有优势,协助地方深入宣传科学发展观等党的创新理论,宣传党的富民政策和扶贫开发成就,坚定贫困地区群众脱贫致富奔小康的信心和决心。

(二) 组织严密、突击力强的优势

军队是高度集中统一的武装集团,组织纪律严明,调动灵活、行动迅速,官兵具有顽强拼搏、不怕疲劳、连续作战的优良作风,能够在完成扶贫开发急难险重任务中当先锋、打头阵,在关键时刻发挥关键作用。

(三) 人才科技优势

军队院校和科研技术、医疗机构等单位,知识密集,科技力量雄厚,可以开展科技、智力扶贫和信息服务等工作,帮助

贫困群众发展种植养殖业、农副业产品加工和多种经营，提高自我发展能力，为贫困地区长远发展打牢基础、积蓄后劲。

（四）装备技术优势

工程、给水、测绘、航空兵部队和水电、交通等专业工程部队，装备设施先进，技术力量较强，可直接参加农村道路、水电等基础设施和防沙治沙、植树造林等生态环境建设，在扶贫开发工作中承担攻坚克难任务，从根本上改善群众生产生活条件。此外，部队一些国防设施建设也可直接为地方扶贫开发服务，部队修建边防公路，可兼顾解决附近贫困村群众出行交通问题。这些特有优势和有利条件，使军队和武警部队在扶贫开发中能够大有可为、大有作为。

二、军队和武警部队参与扶贫开发的做法与成效

中央军委、解放军四总部领导历来对军队参与扶贫开发工作高度重视，多次做出重要指示批示。解放军总政治部多次下发文件，对全军部队参与扶贫开发做出部署。长期以来，军队和武警部队积极响应党和国家号召，按照军委、总部的部署要求，在完成教育训练、战备执勤、科研试验等任务的同时，根据国家和驻地扶贫开发总体规划，发挥优势，主动作为，广泛开展多种形式的扶贫帮困活动，为加快国家缓解和消除贫困步伐做出了应有贡献。新世纪新阶段，军队和武警部队认真贯彻落实《中国农村扶贫开发纲要（2001—2011年）》，紧密结合驻地和部队实际，扎实做好扶贫帮困工作，积极帮助贫困群众发

展生产，改善生活条件，有力促进了贫困地区经济社会发展和群众脱贫致富。

（一）实施定点扶贫和整村推进扶贫

各级坚持以支援建设社会主义新农村为目标，组织团以上部队与贫困村结成帮扶对子，促进整村脱贫。全军部队先后与全国 47 个贫困县、215 个贫困乡镇、1470 个贫困村建立帮扶关系，建立扶贫联系点 2.6 万多个、支援新农村建设联系点 2500 多个，帮助 210 多万名群众摆脱贫困。湖南省军区连续 23 年定点帮扶国家级贫困县桑植 3 个乡镇、7 个行政村，使 5.7 万贫困群众实现稳定脱贫。重庆警备区牵头协调 23 个驻渝军地单位，连续 12 年对奉节县 20 余个贫困乡村实施对口集团扶贫，帮助 5 万余名贫困群众脱贫。云南省普洱军分区积极承担苦聪人移民搬迁任务，新建 14 个移民新村，帮助苦聪人告别了原始洞居和传统落后的生产方式。

（二）支援贫困地区农村和农业基础设施建设

各部队紧贴贫困地区实际，坚持把地方所需、群众所盼与部队所能结合起来，充分利用装备、人才、技术等方面的优势和资源，广泛开展扶贫帮困活动。10 年来，先后支援农田水利、乡村道路、小流域治理等小型工程建设项目 10 万多个，为群众找水打井 1119 眼，扶持当地发展优势特色产业 7.3 万多项，帮助培训实用人才 600 多万人次。兰州军区给水工程团先后实施"百井扶贫"、"百井支农富民"工程，为宁夏干旱地区找水打井 300 眼，有效解决了驻地群众生产生活用水难题。二炮某工程技术部队在完成国防施工任务的同时，坚持进驻一地援建一方，为甘肃、青海等贫困地区群众改造山区道路7条，架设便民桥17座，促进了当地群众脱贫致富。

（三）开展捐资助学

各部队坚持把支援贫困地区发展基础教育作为扶贫开发的一项基础性、战略性任务来抓，积极支援贫困地区"两基"攻坚，广泛开展援建"八一爱民学校"、"1+1"捐资助学、参加"春蕾计划"等活动。10年来共援建中小学校1800多所，资助贫困学生21万多名。2006年，结合纪念红军长征胜利70周年，军队和武警部队沿长征路统一援建112所"八一爱民学校"，改善了长征沿线贫困地区一批中小学的办学条件。空军部队连续17年实施"蓝天春蕾计划"，在新疆、西藏等23个省（区）开办150个蓝天春蕾女童班，帮助1.4万多名失学女童重返校园。

（四）实施科技扶贫

军队院校、科研院所和有关部队充分利用人才、装备、技术等方面的资源和优势，采取举办培训班、转让科技成果、实施技术协作和联合攻关等多种形式，积极为贫困群众脱贫致富奔小康提供科技、信息服务。近5年来，军队共向地方转让科技成果1200多项，代培代训各类人才40多万人，为贫困地区经济建设提供了有力的科技和人才支持。总装驻新疆部队转让纳米、辐射、探测技术等高科技成果20余项，每年为地方创造经济产值上亿元。

（五）组织医疗卫生扶贫

着眼帮助贫困地区群众解决看病难问题，积极做好医疗扶贫工作。军队医疗系统对口支援西部地区130所贫困县级医院、1283所乡（镇、村）卫生院（所），培训和帮带医护人员8.5万多名，捐赠医疗设备5900多台（件）。各级医疗机构还长期开展义务巡诊、送医送药活动，先后派出1.2万多个医疗队上高原、到边疆、深入偏远贫困山区，为群众义务治病6100多万人次。解放军第四医院常年为青藏高原群众义务巡诊，青海省平均每10人中就有1人受过医疗队的救治，被各族群众誉为"高原生命的守护神"。武警部队和空军总医院开展"心蕾工程"，使一大批少数民族先心病患儿及时得到救治。

（六）开展经常性"送温暖、献爱心"活动

各部队始终把群众的衣食冷暖挂在心头，定期组织官兵捐款捐物，奉献一片爱心，帮助群众解决燃眉之急。部队基层单位建立了帮扶特困群众的长效机制，长期帮扶特困家庭4万余户、孤寡老人和残疾人等8000多户，经常走访慰问，为他们送去粮、油、衣、药等生活必需品。每当各地发生灾情，各部队在奋勇参加抢险救灾的同时，纷纷捐款捐物，仅2008年南方部分地区低温雨雪冰冻灾害、汶川特大地震，以及2010年西南特大干旱、玉树地震、舟曲泥石流等灾害发生后，官兵就捐款10亿多元，捐衣被352万余件（套），帮助灾区群众度过难关，受到地方党委、政府和各族群众的高度赞誉。

三、做好新阶段军队和武警部队扶贫开发工作

《中国农村扶贫开发纲要（2011—2020年）》对未来10年扶贫开发工作做出全面部署。作为扶贫开发的一支重要力量，军队和武警部队参与扶贫开发，总的是以科学发展观为指导，紧紧围绕国家扶贫开发总体规划部署，按照就地就近、量力而行，发挥优势、主动作为，突出重点、务求实效的原则，把地方所需、群众所盼与部队所能结合起来，科学筹划，周密组织，因地制宜地参与扶贫开发，努力为推动贫困地区经济社会更好更快发展做出新的更大贡献。新阶段军队和武警部队参与扶贫开发拟重点做好以下工作：

（一）配合宣传党的富民政策

积极配合地方宣传党和国家良种补贴、粮食直补、政策性"三农"保险补贴、新型农村合作医疗补助等强农惠农富农政策，宣传当地的发展优势和潜力，宣传勤劳致富的先进典型，引导群众解放思想，更新观念，增强自力更生、勤劳致富的信心。针对少数民族地区经济社会发展状况，大力宣传党的民族宗教政策，宣传"三个离不开"、"四个认同"等思想，宣传建国60年特别是改革开放以来民族地区经济社会发展出现的巨大变化，宣传党对民族地区发展的特殊优惠和照顾政策，促进各族群众对党的坚决拥护和信赖，夯实共同团结奋斗、共同繁荣发展的思想基础。

(二) 参加定点扶贫

继续坚持一个团级单位定点帮扶一个贫困村、帮建一所贫困学校，军师级单位医院对口帮扶一个贫困乡镇卫生所等做法，着眼部队特点有针对性确定定点帮扶对象，搞好对贫困村镇、贫困学校、贫困医院和贫困群众的定点帮扶，集中援建一批教育、卫生、文化和社会保障等民生项目，帮助贫困地区群众改善生产生活条件。针对定点帮扶村镇的实际情况，通过提供技术、资金援助等形式，帮助群众依托当地资源发展和培育种植、养殖、农产品加工和红色旅游等特色产业，促进农村发展和农民增收，加快脱贫致富步伐。

(三) 支持整村推进扶贫开发

军队参与扶贫开发，不仅要搞好一人一户的脱贫致富，更重要的是按照国家和地方的统一部署，以革命老区、民族地区、边疆地区和六盘山区、秦巴山区、武陵山区、乌蒙山区、滇桂黔石漠化区、吕梁山区等集中连片特殊困难地区为重点，集中力量推进整村整乡、特殊连片困难地区脱贫致富。结合参加和支援社会主义新农村建设，配合地方实施水、电、路、气、房和优美环境"六到农家"工程，积极参与农村沼气建设，带动改水、改厨、改厕、改圈，帮助群众改善生产生活条件和村容村貌。

(四) 帮助劳动力转移培训

积极利用部队教学、设施、人才等方面的资源，采取开办文化夜校、组织实用技能培训等方式，帮助贫困地区群众掌握电子、通信、修理等实用技术，为他们创业就业创造条件。同时，加大对贫困地区士兵科学文化知识和专业技术教育培训的力度，协调地方组织退役士兵接受免费职业教育和技能培训，提高他们回乡带头发展致富的能力素质。军队服务保障单位采购物资、招聘员工等，尽量优先照顾贫困地区群众。

（五）加大科技扶贫力度

充分发挥军队院校、科研机构、医疗卫生单位和专业技术部队知识密集、科技力量雄厚等优势，采取提供技术咨询、转让科技成果、联合科研攻关、推广实用技术等方式，推动贫困地区产业升级和结构优化，为经济社会发展注入科技活力。紧贴贫困地区经济社会发展总体规划，组织科研单位和科技人员积极参与一些重大科研课题和项目，为地方开发建设贡献力量。适当增加军队所需产品在贫困地区的订货数量和比例，促进当地科研单位和企业提高科研、生产能力。

（六）继续搞好经常性扶贫济困活动

坚持从群众最关心最急需解决的困难入手开展扶贫帮困，帮助他们解决吃水、就医、上学等基本问题。积极开展捐资助学活动，通过援建"八一爱民学校"，组织"1+1"结对助学，参与"春蕾计划"，开办"春蕾女童班"，接收少数民族儿童入军队幼儿园学习等方式，帮助失学儿童重返校园，帮助贫困学生完成学业。深入开展医疗扶贫活动，组织医疗分队深入偏远地区巡诊治病，帮助群众解决看病难问题。广泛开展"送温暖、献爱心"社会捐赠活动，定期走访慰问贫困地区群众和军烈属、革命伤残军人、五保户等困难群众，为他们送去粮油、衣物等生活必需品，力所能及地帮助他们解决实际困难，把党和政府的温暖、子弟兵的深情厚谊送到贫困群众的心坎上。

四、加强对军队和武警部队参与扶贫开发的组织领导

《中国农村扶贫开发纲要（2011—2020年）》赋予军队更加重大的扶贫开发任务。地方各级党委、政府、有关部门和部队各级要进一步加强组织领导，统筹制定各项规划，完善制度机制，搞好军地协调，更好地发挥军队和武警部队在扶贫开发中的优势和作用，为打好新一轮扶贫开发攻坚战，不断推进我国扶贫开发事业创造新辉煌。

（一）纳入规划，统筹安排

2008年4月，国务院扶贫开发领导小组吸收解放军总政治部为副组长单位，在政策保障、工作指导方面协调一致，为更好地发挥军队在扶贫开发中的优势和作用创造了条件。地方各级党委、政府，也应把省军区、军分区政治机关和人民武装部吸收为扶贫开发领导小组成员单位，统一规划军地扶贫工作，形成整体合力。军队和武警部队各级党委、机关，应把扶贫开发工作纳入议事日程和部队建设总体规划，与部队中心任务一起筹划部署，周密组织实施，确保这项工作有组织、有计划、有步骤地展开。省军区系统要充分发挥桥梁纽带作用，加强军

地之间、驻军部队之间的沟通协调,帮助解决部队在扶贫开发工作中遇到的矛盾和问题,推动扶贫工作扎实有效开展。

(二)就地就近,量力而行

部队中心任务是教育训练、战备执勤、科研试验等,参与扶贫开发,必须在保证以军事斗争准备为龙头的各项任务完成的前提下进行。一般情况下,扶贫点最好选在驻地周边,便于就地就近开展扶贫活动,确保中心任务和扶贫工作两不误、双促进。军队的扶贫开发工作,必须坚持从实际出发,量力而行,逐步推进,切实把地方所需、群众所盼、部队所能结合起来,把定点扶贫与经常性帮困活动结合起来,把财力物力支援与智力扶贫、科技扶贫结合起来,不贪大求全,不搞形式主义,确保扶贫开发各项工作群众欢迎、政府满意。

(三)发挥优势,突出重点

部队参与扶贫开发,关键是找准着力点,在最能发挥自身优势和作用的领域聚焦用力,确保取得实实在在的效果。作战部队组织严密、突击力强,在完成扶贫开发急难险重任务和抢险救灾中有着独特优势;给水、交通、通信等专业工程部队具有装备技术优势,在支援农村基础设施和生态环境建设等方面可大有作为;军队院校、科研机构和医疗卫生单位科技人才优势明显,能为地方经济社会发展提供科技、智力、信息等方面的服务保障;省军区系统具有协调军地的重要职能,便于集中军地优势资源开展集团式扶贫、动员和组织广大民兵预备役人员建设社会主义新农村等,形成扶贫工作整体合力。

(四) 精心组织，周密实施

扶贫开发涉及军地方方面面，是一项系统工程。部队参与扶贫开发工作，必须紧紧围绕国家总体规划和地方的具体部署来开展，自觉尊重和接受地方党委、政府和有关部门的领导和指挥，加强军地联系协调，搞好支持配合，推动这项工作健康有序、扎实有效开展。部队参与扶贫开发工作动用人员和装备机械多，与群众接触频繁，安全隐患较多，只有科学筹划，周密组织，搞好党的民族宗教政策和军队群众纪律教育，严格用兵手续，加强部队管理，才能确保扶贫开发任务的圆满完成和部队的安全稳定。

(五) 学习人民，汲取营养

人民群众中蕴含着无穷无尽的创造力，不仅是我军发展壮大的坚强后盾，也是我军政治营养和精神力量的源泉。部队在扶贫开发中直接与人民群众接触，广泛开展向人民群众学习活动，感受人民群众的好思想、好作风，学习人民群众创造的好经验、好做法，从中汲取丰富的政治营养和精神动力，有利于提高部队战斗力、促进部队建设科学发展。

动员企业和社会各界参与扶贫

发挥社会各界在扶贫开发中的作用,特别是把发展活力最强的企业与发展需求最迫切的贫困群体有效对接起来,是贫困地区脱贫致富的一个重要途径,也是当前和今后推进扶贫开发的一个重点方向。《中国农村扶贫开发纲要(2011—2020年)》第三十条要求:"大力倡导企业社会责任,鼓励企业采取多种方式,推进集体经济发展和农民增收。加强规划引导,鼓励社会组织和个人通过多种方式参与扶贫开发。积极倡导扶贫志愿者行动,构建扶贫志愿者服务网络。鼓励工会、共青团、妇联、科协、侨联等群众组织以及海外华人华侨参与扶贫。"

一、企业和社会各界参与扶贫的基本情况

企业和社会各界参与扶贫,是指通过政府的引导和支持,企业和社会各界自愿利用自身的资源,以多种形式参与到扶贫开发工作中,为贫困地区经济社会发展和贫困人口脱贫致富贡献力量。

(一)主要历程

扶贫济困是中华民族的传统美德,将其作为一项事业由党

和政府对企业和社会各界进行专门动员和部署,可以追溯到1994年。1994年,我国政府颁布实施"国家八七扶贫攻坚计划",大型国有(控股)企业开始利用自己的资源和优势,积极参与到定点扶贫工作中。同年4月,十名民营企业家在中央统战部和全国工商联的组织下,发起了致力于扶贫济困的光彩事业,得到更多的民营企业家和港澳台侨工商界人士的热烈响应。与此同时,中华慈善总会在北京成立,标志着新中国第一个全国性的民间慈善组织问世。此后,中国社会的民间慈善团体大量涌现,扶贫济困等慈善活动频繁展开。2001年,《中国农村扶贫开发纲要(2001—2010年)》第二十条提出,"鼓励多种所有制经济组织参与扶贫开发"和第二十七条"进一步弘扬中华民族扶贫济困的优良传统,动员社会各界帮助贫困地区的开发建设",对此项工作进行了专门部署。党的十六大以后,随着"以工促农、以城带乡"方针和统筹城乡发展各项政策措施的全面落实,我国的扶贫事业呈现出政府专项扶贫、行业扶贫和社会扶贫等多方力量、多种举措有机结合、互为支撑的"大扶贫"格局。2008年,党的十七届三中全会进一步提出了"充分发挥企业、学校、科研院所、军队和社会各界在扶贫开发中的积极作用"的明确要求。

(二)主要模式

企业和社会各界在参与扶贫中将农村产业开发、基础设施建设、社会事业发展和人力资源开发作为重点领域,创造和积累了许多成功的经验和做法,主要可概括为四种模式:一是定点对口长期援助。由一家企业对口帮扶一个或几个国家扶贫开发工作重点县，为当地引进项目、派人员挂职、开展技术培训、帮助劳动力转移就业、提供信息支持等。二是村企合作开展扶贫。在光彩事业的基础上，2007年开始，国务院扶贫办与全国工商联在湖北、宁夏等8个省区开展"村企共建扶贫工程"试点，按照"优势互补、互惠互利、双向互动、共同发展"的原则，引导民营企业与贫困村找准利益结合点，实施村企共建。目前，全国共有6.9万多家民营企业结对帮扶6.1万多个行政村。三是农业产业化带动扶贫。在贫困地区开展产业扶贫项目，建立企业和农民的利益链条和农民增收的长效机制，带动农民和农村走向市场。四是慈善捐助参与扶贫。主要是企业和个人通过捐款捐物、提供志愿服务等方式，直接开展或间接由各类基金会等社会组织开展扶贫济困活动。

二、企业和社会各界参与扶贫的深远意义

动员企业和社会各界共同参与扶贫，将会为我国的扶贫开发事业注入源源不断的活力和动力。这不仅是全面实现我国2020年扶贫开发总体目标的重要途径，也是社会主义制度优越性、社会主义核心价值观的充分体现。

（一）企业和社会各界参与扶贫有利于加快扶贫开发进程

实践证明，企业和社会各界在推进我国扶贫开发进程中作用明显。一是有利于从根本上激发贫困地区的发展活力。企业作为市场活动的主体，对市场信息及其变化最为敏感，直接影响贫困地区资源开发、产业培育和结构调整，能从根本上激发

贫困地区的发展活力，使农民持续增收。二是有利于帮助贫困地区转变发展观念。企业和社会各界参与扶贫不仅可以给贫困地区带来资金、技术等先进生产力要素，更重要的是使贫困人口直接接受先进理念的熏陶和先进管理知识、先进实用技术的培训，打破传统观念的束缚和封闭状态，切实提高自我发展能力。三是有利于拓展扶贫开发的领域。企业和社会各界开展扶贫济困活动，改变了扶贫开发靠政府投入的单一模式，拓宽了扶贫资金投入渠道和领域，丰富了扶贫开发模式，有利于推动扶贫开发体制机制创新，缓解贫困地区政府财政投入不足的压力，为贫困地区的经济和社会发展提供有力支持。

（二）企业和社会各界参与扶贫有利于实现自身社会责任

就企业而言，社会是企业赖以生存的重要环境，企业只有在得到社会广泛认同和支持的条件下才能求得发展。通过参与扶贫回应社会的要求和预期，有助于提升企业社会形象、增强消费者认同感和企业竞争力。以扶贫济困活动作为情感纽带所形成的"慈善型"、"社会型"企业文化，有助于增进企业的内部亲和力与凝聚力，优化员工绩效。企业的扶贫济困行为有助于获得丰富的社会资源，改善竞争环境，使社会目标和经济目标相统一，促进企业的长远业务发展。对于社会组织而言，扶贫济困事业是其最重要的目标之一。政府提供相应的政策引导，创造有利的慈善环境，有利于社会组织自身业务的拓展和深入，有助于其自身的发展和壮大。对于个人而言，政府积极倡导、营造氛围和提供便利的扶贫济困渠道，有利于个人慈善热情的释放，有助于个人公益目标的实现。

(三)企业和社会各界参与扶贫有利于促进社会和谐

动员企业和社会各界参与扶贫,帮助贫困群众解决困难,实现脱贫致富,是构建和谐社会的迫切需要。着眼于增强企业、各类组织、公民的社会责任,通过倡导平等互助、诚信友善、乐于奉献等道德规范,广泛动员企业和社会各界参与扶贫,有利于推动形成我为人人、人人为我的社会氛围,有利于形成扶贫济困人人有责、和谐社会人人共享的生动局面,有利于形成全民族奋发向上的精神力量和团结和睦的精神纽带,有利于增进民族凝聚力,提升社会文明水平,有利于消除诸多影响社会和谐的不利因素,推动社会主义和谐社会建设。

三、动员企业和社会各界参与扶贫的有利时机

经过30多年改革开放带来的高速经济发展,我国已经迈入工业化的中级阶段,国有企业实力雄厚,民营企业发展势头旺盛,外资企业也成为国民经济中的重要部分,形成了多种企业并存的发展格局。企业所掌握的经济社会资源越来越多,影响社会的能力越来越大,企业社会责任显得越发重要。与此同时,社会结构深刻转型,国民素质和收入大幅提高,慈善理念不断成长,社会组织和海内外各界人士在推进社会和谐发展方面发挥的作用越来越大。

据统计,"十一五"期末,全国实有企业1130多万家。其中,私营企业数量超过840万家,注册资金总额超过19万亿元,"十一五"期间年均增速分别为14.3%和20.1%,成为我

国最大的企业群体。个体工商户超过3400万户，注册资金1.3万亿元，较2005年底分别增长40.9%和133%。全国正式登记注册的各类社会组织达44万个，其中基金会2168个，社会团体24.3万个，民办非企业单位19.5万个。全国社会慈善捐赠总额达700亿元，5年内增长了7倍，预计未来的捐赠额将继续较大幅度地上升。全国已建立3.1万个经常性社会捐助工作站（点）和慈善超市，初步形成了多种类型、分工协作的社会捐赠网络。全国累计已有17个省（自治区、直辖市）和7个副省级城市相继颁布实施了志愿服务地方性法规，全国各级团组织、青年志愿者组织中规范注册的青年志愿者超过3124万人，由中国青年志愿者协会和各省区市青年志愿者协会、近2000个高校志愿者组织以及13万个志愿者服务站组成的全国性青年志愿服务工作网络基本形成。海外华人华侨也积极参与国内公益事业，"十一五"期间仅捐赠国内善款就达100多亿元人民币。

新阶段我国的经济基础更加坚实，人民群众生活水平普遍提高，扶贫济困的慈善理念更加普及，许多企业、社会组织和海内外的各界人士有能力、有爱心、有意愿参与扶贫事业，通过企业和社会各界参与扶贫来消除贫困、缩小地区和城乡差距的时机已经成熟。我们要紧抓机遇，采取切实可行的办法，广泛动员企业和社会各界参与扶贫。

四、广泛动员企业和社会各界参与扶贫的对策措施

企业和社会各界参与扶贫，是在政府引导、支持的前提下，

自愿动员自身的财力、人力和物力，发挥市场信息、智力、技术等方面的优势，采用各种形式帮助贫困地区、贫困群众摆脱贫困，实现多方共赢，在性质上不同于我国以往开展的"定点帮扶"、"东西协作"等形式。动员企业和社会各界参与扶贫，首先要明确三个方面的问题。

第一，关于企业的选择。在过去的企业扶贫中，各级国有企业做出了很大的贡献。民营企业规模相对虽小，但数量巨大、分布面广、有着丰厚的实力，并与种植、养殖和农副产品加工业联系密切。外资企业具有先进的管理、技术、公益理念和雄厚的经济实力，参与中国公益事业的潜力也很大。在新时期，除了继续动员国有企业参与外，应侧重于推动民营企业和外资企业的参与。

第二，关于社会组织的范畴。中国目前的社会组织包括三类：基金会、社会团体和民办非企业单位。这些组织几乎覆盖了科技、教育、文化、卫生、劳动、工商、慈善公益等社会的各个方面，并初步形成体系，仅6万多个行业协会就联系企业会员2000多万，4万多个学术团体联系专家学者500多万，具有广阔的资源利用平台。

第三，关于个人扶贫的方式。个人扶贫是相对组织扶贫而言的，是个人在自愿的基础上，出于善良、友爱之心，向贫困地区或贫困群体提供物质、精神帮助的社会公益行为。个人除了捐款、捐物、提供志愿服务外，还可以根据自身能力通过人帮人、人帮户、人帮村、到贫困地区投资创业等多种形式参与扶贫。要通过不懈努力，开创人人参与扶贫事业的新局面。

在明确这些问题的基础上，各级政府要采取多种措施，引导和支持企业、社会组织和海内外各界人士参与到扶贫事业中。

(一) 加强宣传教育,营造扶贫济困氛围

加强对扶贫济困事业的舆论宣传与教育,通过学校、电视、广播、报刊、网络等多种媒体的力量使扶贫济困的公益理念、履行社会责任的意识广泛传播、深入人心。建立媒体报道社会扶贫的长效机制,跟踪报道企业、社会组织和个人的帮扶经验和感人事迹,宣扬扶贫济困行为。建立社会各界广泛参与扶贫的群众基础,并使之成为社会风尚。同时,要注重培育和提高媒体的社会责任意识。

(二) 坚持自愿原则,做好沟通服务

动员企业和社会各界参与扶贫必须尊重参与方的意愿,不搞硬性劝募,不硬性下达量化指标,不影响其正常发展。要注重收集和掌握企业、社会组织和个人的扶贫意愿,充分利用两项制度衔接试点的成果,及时更新贫困地区、贫困村和贫困人口的基本信息,为企业和社会各界在贫困地区找到适合自己的项目牵好线搭好桥,实现企业、社会组织、个人与农民和政府的"多方共赢"。

(三) 完善落实激励政策,加大支持力度

完善并落实现有的导向性支持政策。在税收方面,按照财政部、国家税务总局、民政部《关于公益性捐赠税前扣除有关问题的通知》(财税〔2008〕160号)有关规定,对企业通过公益性社会团体或者县级以上人民政府及其部门,用于扶贫济困等公益事业的捐赠支出，在年度利润总额12%以内的部分，可在计算应纳税所得额时扣除；个人通过社会团体、国家机关向公益事业的捐赠支出，准予在所得税税前扣除。按照《中华人民共和国中小企业促进法》有关规定，在贫困地区投资创办的中小企业，在一定期限内减征、免征所得税，实行税收优惠，并提供金融信贷、场地设施等方面的支持。按照《中华人民共和国企业所得税法》第二十七条规定，对从事农、林、牧、渔项目所得，可依法免征、减征企业所得税。按照《中华人民共和国城镇土地使用税暂行条例》第六条规定，直接用于农、林、牧、渔业的生产用地的，免缴土地使用税。按照《中国慈善事业发展指导纲要（2011—2015年）》中有关部署，对于海外向国内社会组织捐赠的用于扶贫济困等慈善事业的物资，要依照法律、行政法规的规定减征或者免征进口关税和进口环节增值税。在金融方面，发挥扶贫贴息资金的最大效益，尽力支持企业参与扶贫开发，为企业金融融资提供便利。加强对贫困地区的基础设施建设，提高和完善贫困地区的教育、医疗和社会保障水平，提高当地人员素质和公共服务水平，为参与扶贫的企业、社会组织和个人排忧解难，创造良好的环境。各地要因地制宜制定适合当地的导向性激励政策，如对贡献突出的企业、社会组织和个人采取精神和物质等多种方式的奖励，鼓励企业和社会各界参与扶贫。

（四）培育社会组织，规范扶贫济困行为

进一步完善社会组织的登记管理办法，不断培育壮大社会组织规模。完善监管机制体制，加强组织监管，保证社会组织运作规范。建立信息共享平台,对于扶贫济困捐赠的去向和效果进行全程跟踪反映,确保扶贫济困捐赠活动全程透明和安全。搭建公信平台,促进慈善市场的竞争,推动社会组织公信力建设和行业自律,减小捐助者的捐赠成本和风险,增强企业、个人和社会各界通过捐赠参与扶贫事业的信心。拓宽合作平台,充分利用志愿者组织网络,健全志愿者权益保障制度,积极引导志愿者参与到扶贫事业中。

积极开展减贫领域的国际交流与合作

积极开展减贫领域的国际交流与合作是我国农村新时期扶贫开发工作的一项重要举措。《中国农村扶贫开发纲要（2011—2020年）》第三十一条要求："通过走出去、引进来等多种方式，创新机制，拓宽渠道，加强国际反贫困领域交流。借鉴国际社会减贫理论和实践，开展减贫项目合作，共享减贫经验，共同促进减贫事业发展。"

一、减贫领域国际交流与合作的基本情况

减贫领域的国际交流与合作伴随着我国扶贫开发事业发展进程，也是对外开放的重要内容。自20世纪90年代中期，以中国西南扶贫世界银行贷款项目为代表的国际合作项目标志着我国扶贫领域国际交流合作的大规模开展。当时主要任务是"引进来"，即引进国际上的资源服务于国内扶贫开发事业。进入新世纪，随着综合国力的迅速提升和"走出去"战略的进一步深入，向国际社会全面介绍中国国情，大力宣传我们党和政

府的执政理念,积极开展以促进减贫为目的的扶贫外交,逐步成为提升我国负责任大国形象、丰富我国外交战略、积极应对国际人权领域斗争形势、为经济社会发展创造良好外部环境的重要举措之一。近年来,根据扶贫开发工作实际和特点,我国将减贫领域的国际交流与合作同国家经济社会发展大局相结合,不断加强与东盟、中亚、非洲、拉美等国家和地区的双边交流,不断加强与世界银行、联合国开发计划署、亚洲开发银行等国际组织的多边合作,积极引进国际资金、项目、技术、经验服务于国内扶贫开发事业,充分发挥减贫领域国际交流与合作的独特优势和基础性作用,统筹国内外因素,为构建大扶贫战略创造了重要条件。

二、新时期积极开展国际减贫交流与合作的必要性

(一)扶贫开发工作的必然要求

中国是发展中国家,经济社会发展总体水平不高,区域发展不平衡问题突出,制约贫困地区发展的深层次矛盾依然存在。主要表现为:贫困人口规模较大,返贫压力增大;发展严重不平衡,集中连片特殊困难地区贫困问题突出;收入差距仍在扩大,相对贫困现象凸显;自然灾害威胁严重,防灾抗灾能力亟待加强。为此,到2020年实现《中国农村扶贫开发纲要(2011—2020年)》提出的总体目标,必须继续加强国际减贫交流合作,学习国际社会先进的减贫理论与实践经验,进一步引进国际资金、项目、技术、信息等资源服务于国内扶贫开发

事业。

（二）经济社会发展的战略要求

中国经济高速发展 30 多年，经济总量已位居世界第二。伴随着经济全球化进程的深入，中国经济发展与世界经济格局之间的关系更加紧密，中国企业发展需要更广阔的空间和更充足的资源。积极开展减贫交流合作，发挥减贫作为公共服务的特殊作用，有利于中国企业"走出去"战略的进一步实施，拓展对外开放的更广阔空间。另一方面，伴随中国改革开放的进一步深入，世界各国的大型外资企业纷纷在中国投资设厂，他们也有积极投身于我国扶贫济困事业的愿望。积极与其开展交流合作，可以引导并帮助他们制订更加符合我国实际需要的企业社会责任战略规划，从而丰富我国扶贫开发的资源，进一步促进国内扶贫开发事业。

（三）营造良好国际环境的有效手段

随着我国"走出去"战略的进一步深入，积极开展减贫交流合作，客观展示中国贫困的实际状况，向国际社会主动全面介绍中国实际国情，有利于外界对我国的全面了解，继续争取广大发展中国家的理解与支持，加强南南合作，共同发展；也有利于继续吸引国际多边、双边发展援助组织与我开展合作，进一步促进与发达国家的双边合作，为国内经济社会发展创造良好的国际环境。

（四）提升我国软实力的重要途径

中国是最早实现联合国千年发展目标中将贫困人口减半的

发展中国家，中国的扶贫成效与经验已经得到了国际社会的充分肯定。积极开展国际减贫交流合作，宣传我国改革开放以来取得的扶贫成效与经验，有利于彰显中华民族守望相助、同甘共苦、扶贫济困的传统美德和价值观；有利于体现中国特色社会主义制度优越性和宣传中国保障人权的成就和经验，展现我国政府执政为民、以人为本的理念，彰显我负责任大国形象，提升软实力，扩大影响力。

（五）国际社会的基本共识

消除贫困、实现可持续发展已成为世界绝大多数国家和国际组织的普遍共识。随着新兴国家、转型经济国家综合国力的上升，他们在消除贫困和促进经济社会发展方面，也取得了巨大的成绩。积极开展减贫交流合作，一方面有利于共享发展理念、经验、资源等，共同进步发展，实现双赢；另一方面有利于我们取长补短，丰富我国新阶段扶贫开发工作的理念、政策与手段，进一步完善我国新阶段扶贫开发战略和政策体系。

三、积极开展新时期国际减贫交流与合作

《中国农村扶贫开发纲要（2011—2020年）》中的国际减贫交流合作部分，内涵更为丰富、任务更加明确、工作要求更高。为此，必须以服务国家经济社会发展大局和国内扶贫开发事业为基础，以《中国农村扶贫开发纲要（2011—2020年）》为指导，积极探索和拓展扶贫外交，不断创新工作理念与方法，不断丰富大扶贫战略。

（一）突出新时期扶贫开发的重点工作

减贫领域国际交流合作要根据扶贫领域的新形势、新特点、新要求，紧密结合《中国农村扶贫开发纲要（2011—2020年）》提出的主要目标和任务，坚持"积极引进、充分利用、以我为主、为我服务"的工作原则，加强国际减贫理念与理论的总结与研究，为新时期扶贫开发战略和政策体系完善、扶贫项目与政策效果评估决策等提供基础支持。加强与世行、亚行等国际组织开展针对连片特困地区、重点县、村和贫困人群等不同工作领域和对象的项目合作，围绕新时期扶贫开发重点工作开展合作，努力实现《中国农村扶贫开发纲要（2011—2020年）》提出的奋斗目标。

（二）坚持创新机制和拓宽渠道

积极拓展减贫领域国际多、双边渠道，不断创新各种交流合作机制，持续引进国际先进的理念、经验、技术、资金、项目、信息等各类国际资源，积极调动国际组织、跨国企业、非政府组织、海外华人华侨等各种积极因素，使其有组织、有针对性参与国内扶贫开发工作，更好地融入到国内扶贫开发事业，探索完善更具广泛意义的大扶贫格局，真正使贫困地区和贫困群体受益。

（三）主动服务国家整体外交战略

积极开展扶贫外交，努力将扶贫领域的国际交流合作纳入国家整体援外战略框架，以周边国家为合作重点，以新兴、转型经济国家为合作伙伴,以联合国、世界银行、亚洲开发银行等国际组织为重要合作平台,不断丰富合作内容,进一步加强南南合作和南北合作。以关注民生为基本理念,积极配合政党外交;以增进互信为基本准则,努力加强周边扶贫外交;以经济发展为核心内容,加快推进企业扶贫外交;以扶贫济困为价值观念,大力推动民间扶贫外交;以深化合作为工作平台,不断巩固传统外交,进一步发挥国际减贫交流合作在外交战略中的作用。

(四)大力宣传中国扶贫经验与成就

积极宣传中国的扶贫成就与经验,通过举办各类国际性研讨会、论坛、对话、研修班、新闻发布会、外事吹风会等活动,促进中国扶贫理念的传播,加强中国扶贫经验的分享,以国际减贫交流合作为切入点,进一步彰显我国社会主义制度的优越性,体现我国政府以人为本、执政为民的理念,塑造良好国际形象,不断提升影响力。

(五)加强机构能力和人才队伍建设

随着我国经济社会发展和国际地位提升,国际减贫交流合作工作凸显出其特殊功能,扶贫工作不仅要练好"内功",还要加大"走出去"的工作力度。扶贫系统和人员状况与开展国际减贫交流合作的要求还有相当的差距,需要进一步加强机构建设,加快人才队伍培养。

完善贫困地区金融服务

金融扶贫是扶贫开发的重要组成部分,是促进农民增收、农业增效和城乡经济协调发展的重要举措,也是建设社会主义和谐社会的有效途径。《中国农村扶贫开发纲要(2011—2020年)》第三十五条要求:"继续完善国家扶贫贴息贷款政策。积极推动贫困地区金融产品和服务方式创新,鼓励开展小额信用贷款,努力满足贫困农户发展生产的资金需求。继续实施残疾人康复扶贫贷款项目。尽快实现贫困地区金融机构空白乡镇的金融服务全覆盖。引导民间借贷规范发展,多方面拓宽贫困地区融资渠道。鼓励和支持贫困地区县域法人金融机构将新增可贷资金70%以上留在当地使用。积极发展农村保险事业,鼓励保险机构在贫困地区建立基层服务网点。完善中央财政农业保险保费补贴政策。针对贫困地区特色主导产业,鼓励地方发展特色农业保险。加强贫困地区农村信用体系建设。"

一、金融扶贫工作概况

金融扶贫是民生金融工作的重要内容。金融扶贫的内涵涵盖多个层次,主要包括加大信贷投放力度,满足贫困地区和人口的资金需求；推动贫困地区金融网点建设，保障贫困地区人口享受金融服务的权利；完善农村保险、信用体系建设等，为贫困地区创造良好的金融生态环境；多措并举，提升贫困人群自我发展能力，为贫困地区和人口创造更多机会，从跟本上改变贫困地区面貌。"十一五"期间，金融管理部门按照中央统一部署，积极发挥金融职能作用，加强货币信贷政策指导，大力营造金融生态环境，鼓励和引导金融机构在市场化运作的基础上积极主动做好扶贫开发各项金融服务工作。

（一）积极完善扶贫贴息贷款管理体制，有效促进扶贫贴息贷款加大投入

自2001年《扶贫贴息贷款管理实施办法》（银发[2001]185号）实施以来，人民银行联合国务院扶贫办等部门先后开展了"到户贷款"、"项目贷款"改革试点和"奖补资金"推进小额贷款到户试点等工作，不断加大扶贫贴息贷款投放力度。2008年，为进一步建立健全符合市场经济要求的信贷扶贫管理体制和运行机制，按照"两下放、两改革"的改革思路，将扶贫贴息贷款和贴息资金的直接管理权限由中央下放到省，其中到户贷款和贴息资金管理权限下放到县；扶贫贷款全部改农业银行一家"独家经营"为市场运作；改固定利率为固定补贴，中央财政按贴息1年安排贴息资金，在贴息期内，到户贷款按年利率5%、项目贷款按年利率3%的标准给予贴息。扶贫贴息管理体制的改革和完善，对于调动金融机构积极性，完善扶贫贴息贷款良性循环发展机制，改善贫困地区人民生产生活条件，缩小地区贫富差距起到了重要作用。

（二）加大对民族地区、边疆地区、革命老区和灾害高发区的政策倾斜，支持贫困地区经济发展取得实效

少数民族地区、边疆地区、革命老区和灾害高发区等地区由于自然条件、基础设施等各方面因素制约，是贫困发生重点地区，人民银行等金融管理部门通过综合运用再贷款、优惠利率和信贷政策指引等多种手段，引导和支持金融机构切实加大对这些地区的基础设施建设、特色产业发展和生态环境保护等领域的信贷支持力度。

1. 继续对民族贸易和民族用品生产贷款执行优惠利率政策，有效促进少数民族地区贸易发展，带动少数民族地区致富。"十一五"期间，对民族贸易和民族特需商品定点生产企业的正常流动资金贷款利率实行优惠利率政策，全国累计贴息34.09亿元，带动金融机构向民贸民品企业发放贷款1200多亿元，有力地支持了贫困民族地区的发展。

2. 对西藏执行优惠的金融政策，有力保障了西藏地区经济稳定和贷款增长。包括单独编制和执行西藏货币、信贷计划，执行优惠利率政策，以及对农业银行西藏分行进行费用补贴等。2010年末，西藏人民币贷款余额301亿元，同比增长21.6%，高于全国平均增速1.7个百分点。

3. 加大对新疆地区的资金支持力度，大力促进新疆地区发展和稳定。截至2010年末，人民银行累计对新疆调增支农再贷款限额40亿元，并对新疆农村信用社共计安排资金支持额度18.6亿元，资金支持比例位居全国第一。2010年末，新疆人民币贷款余额4973亿元，同比增长31.3%，高于全国平均增速

11.4个百分点。

4. 及时出台自然灾害地区重建金融政策，支持汶川、玉树、舟曲等地区灾后因灾致贫人口就业和住房重建。各地灾害发生后，人民银行和相关单位分别出台了《关于汶川地震灾后重建金融支持和服务措施的意见》、《关于全力做好玉树地震灾区金融服务工作的紧急通知》、《关于全力做好甘肃、四川遭受特大山洪泥石流灾害地区住房重建金融支持和服务工作的指导意见》等多项指导意见，通过增加再贷款额度，对受灾贷款在规定时间内不催缴、不罚息、不做不良记录以及贷款优惠利率等政策支持因灾致贫人口重建家园，恢复生产经营。

5. 制定专项政策切实支持农村地区县域资金留在当地使用，有力保障县域经济发展所需资金。为加大对县域、贫困地区的支持，人民银行会同银监会出台《关于鼓励县域法人金融机构将新增存款一定比例用于当地贷款的考核办法（试行）》，通过对符合条件的县域法人金融机构执行较低存款准备金率、优惠利率支农再贷款、优先开设分支机构和新业务等政策，鼓励县域法人金融机构支持当地经济发展。

（三）突出对重点人群的支持，有效提升对就业困难人员、农民工等贫困人口创业增收的资金支持力度和金融服务水平

具体包括：

1. 完善小额担保贷款政策，有力支持了就业困难人员创业就业和脱贫致富。"十一五"期间，人民银行会同财政部、人力资源和社会保障部相继出台了《关于改进和完善小额担保贷款政策的通知》、《关于进一步改进和完善小额担保贷款管理积

极推动创业促就业的通知》等文件，逐步扩大小额担保贷款借款人范围、完善风险补偿和激励机制，鼓励金融机构发放小额担保贷款，支持了一大批创业能手和致富带头人，有力支持贫困户创业带动就业并脱贫致富。截至2010年末，小额担保贷款余额322.67亿元，同比增长71.01%。

2. 改进和加强对农民工金融服务工作，为贫困人口务工提供便利环境。进城务工是贫困农民改善生活，提高收入的重要方式。"十一五"期间，人民银行加强信贷政策指导，大力推广"农民工小额担保贷款"、"农民工返乡创业贷款"等贷款品种，为农民工创业脱贫提供资金支持。同时逐步改进和完善金融机构代发农民工工资的业务管理，促进建立和完善农民工工资支付保障制度，有效保障农民工务工工资收入发放，提高务工积极性。截至2010年末，企业征信系统共收集2961户企业的拖欠工资信息，涉及金额约16.23亿元，涉及人数约36.23万人。从2006年起，人民银行组织在全国农村地区开展农民工银行卡特色服务工作，为农民工返乡创业资金调拨、异地汇款、存储现金提供便捷服务。截至2010年末，农民工银行卡发卡机构总数达195家，受理点达7.2万个，实现了湖南、河南等23个农民工输出大省的业务开通。

3. 引导金融机构积极为有劳动能力的残疾人发放康复扶贫贷款，促进农村贫困残疾人脱贫和发展。人民银行积极配合中国残疾人联合会等部门下发《关于康复扶贫贷款管理体制改革的通知》，探索建立风险防范和激励约束机制，推动完善康复扶贫贷款管理体制。"十一五"期间，金融机构共发放康复扶贫贷款37.13亿元。其中，2010年全国发放康复扶贫贷款7.6

亿元，扶持贫困残疾人8.4万人，分别比2009年增长3.2%和24.1%。

（四）以改进和提高农村地区金融服务为重点，支持和促进农村贫困人口脱贫致富

人民银行等金融管理部门高度重视农村金融体制改革，着力建立多层次农村金融服务体系，加强农村支付体系和信用体系建设，切实改进和提高农村金融服务，助推农村贫困居民脱贫致富，构建幸福生活美好家园。

1. 加快建立多层次、多主体农村金融服务体系，金融支持"三农"力度显著增加。"十一五"期间，人民银行通过发行兑付农村信用社改革专项票据和专项借款，支持农村信用社改革取得阶段性成果，推进其服务农村贫困地区能力和抗风险能力不断增强。农业银行改革顺利开展，"三农"服务水平稳步提升。农业发展银行支农扶贫领域不断拓展，初步形成了以粮棉油收购贷款业务为主体、以农业产业化经营和农业农村中长期贷款业务为两翼、以中间业务为补充的多方位、宽领域支农格局。邮政储蓄银行试点贷款零售业务，邮储资金回流农村的市场机制不断完善。新型农村金融机构和小额贷款公司稳步发展，引导民间资本支持"三农"和扶贫方面发挥了积极作用，2010年末全国已有新型农村金融机构395家；其他新型农村金融组织的作用也逐步扩大，多层次、多主体农村金融组织体系进一步完善。2010年末，金融机构涉农贷款本外币余额达11.8万亿元，同比增长28.9%，比同期各项贷款增速高9.2个百分点。2010年新增涉农贷款2.6万亿元，占各项贷款新增额的

31.5%，占比同比提高9.1个百分点。涉农贷款不良率4.1%，同比下降1.8个百分点。

2. 积极推进农村支付体系建设，农村支付便利性大幅提高。"十一五"期间，人民银行积极支持农村地区金融基础设施工作，指导并支持农村金融机构加入大、小额支付系统和全国支票影像交换系统，为农村金融机构向贫困地区提供快捷、高效的支付清算服务创造条件。截至2010年末，全国共有2.9万家农村信用社、1238家农村合作银行、1164家农村商业银行、261家村镇银行接入人民银行支付系统，畅通了农村地区异地汇划渠道。各地依托人民银行小额支付系统大力开展农村地区资金集中代收付业务，一些地区结合"家电下乡"惠农政策，将补贴款直接抵扣货款，由财政部门定期将补贴款通过小额支付系统划给经销商，从而简化流程，便利农村地区消费支付。此外，人民银行还在部分金融机构网点空白乡镇开展POS小额取现试点业务，有效改善偏僻农村的支付服务环境，试点农村地区足不出村就能及时拿到政府各项补贴。

3. 探索推进农村信用体系建设，为贫困人口提高信贷资金获得性营造了良好条件。"十一五"期间，为有效解决"农户贷款难、银行难贷款"的问题，人民银行会同相关部门不断完善农村信用体系，实现政府支农政策与银行信贷政策的有机结合。2009年，印发了《关于推进农村信用体系建设工作的指导意见》等文件，积极推动农村征信体系的建设工作，为积极稳妥地发放并收回扶贫贷款营造良好的金融生态环境。截至2010年末，全国大部分地区开展了农户信用档案建设工作，个人征信系统采集农户信用档案约1.12亿户。

二、进一步做好扶贫开发的各项金融服务工作

（一）坚持以脱贫致富为根本，积极探索商业可持续的金融扶贫体制机制

扶贫贴息贷款能否真正实现帮扶贫困户成功实施生产项目、脱贫致富，资金支持是一方面，而项目选择、技术及市场信息等方面也很重要。要围绕项目开发，提供配套服务，探索将龙头企业引进贫困地区，实行"基地+农户"方式，由龙头企业带动贫困户致富，有效降低贫困户创业风险。完善地方担保基金制度，完善农业保险体系，逐步建立起扶贫贴息贷款的风险补偿和激励机制，不断提高金融机构发放扶贫贴息贷款积极性。进一步加强人民银行、金融机构、企业与政府相关部门的沟通合作，积极探索商业可持续的金融扶贫体制机制。

（二）坚持以集中连片特困区和重点县为着力点，切实发挥政策效力

按照"有保有控、区别对待"的精神，加强对不同地区致贫原因、地理地貌、产业特色的研究，不断完善对重点贫困地区的针对性金融服务政策，避免"撒胡椒面"和同质化政策。结合西部大开发等区域发展政策，切实加大货币信贷政策对西藏、新疆、四省藏区等边疆高原地区和11个集中连片特困地区的支持力度，带动和促进这些地区的经济发展。

(三)坚持以深化农村金融改革和推动金融创新为主线,不断改进和提高农村贫困地区金融服务水平

进一步发挥农业银行、农村信用社等传统金融机构实力雄厚、管理科学、经验丰富的特点,在加快农业现代化、支持贫困地区龙头企业、落实贫困地区重点项目、促进贫困地区经济发展等多方面发挥"主力军"作用。探索发展社区银行等小金融机构,规范小额贷款公司等民间融资。因地制宜推动金融产品和服务方式创新,较好适应贫困地区和贫困群体对金融的多样化需求。逐步建立传统金融机构、农村新型金融机构和民间融资的多层次金融服务体系,努力实现贫困地区金融机构空白乡镇的金融服务全覆盖。

(四)以培育农村信用体系建设为依托,积极改进农村地区金融生态环境

在社会主义市场经济环境下,资金的流动主要是由各地的信用环境和投资回报来决定的,区域之间的资金流动取决于地方的社会投资环境,社会信用条件好,资金就会流入。推动农村贫困地区经济发展的重要方面在于营造一个有利于吸引资金的社会信用环境。人民银行将会同相关部门积极推进农村贫困地区个人和企业征信体系建设,抓好信用社区建设试点工作,完善贷款担保体系,营造有利于农村贫困地区经济社会和谐发展的金融生态环境。

实施贫困地区人才保障政策

人才是指具有一定的专业知识或专门技能，进行创造性劳动并对社会做出贡献的人，是人力资源中能力和素质较高的劳动者。贫困地区长期以来人才缺乏，人才总量少、引不进、留不住，这是制约贫困地区经济社会发展一个十分突出的问题。《中国农村扶贫开发纲要（2011—2020年）》第三十九条提出："组织教育、科技、文化、卫生等行业人员和志愿者到贫困地区服务。制定大专院校、科研院所、医疗机构为贫困地区培养人才的鼓励政策。引导大中专毕业生到贫困地区就业创业。对长期在贫困地区工作的干部要制定鼓励政策，对各类专业技术人员在职务、职称等方面实行倾斜政策，对定点扶贫和东西扶贫协作挂职干部要关心爱护，妥善安排他们的工作、生活，充分发挥他们的作用。发挥创业人才在扶贫开发中的作用。加大贫困地区干部和农村实用人才的培训力度。"

一、目前针对贫困地区的有关人才保障政策

《国家中长期人才发展规划纲要（2010—2020年）》指出：对在农村基层和艰苦边远地区工作的人才，在工资、职务、职

称等方面实行倾斜政策，提高艰苦边远地区津贴标准，改善工作和生活条件。采取政府购买岗位、报考公职人员优先录用等措施，鼓励和引导高校毕业生到农村和中小企业就业。逐步提高省级以上党政机关从基层招录公务员的比例。制定高校毕业生到艰苦边远地区创业就业扶持办法。开发基层社会管理和公共服务岗位。实施公职人员到基层服务和锻炼的派遣和轮调办法。完善科技特派员到农村和企业服务的政策措施。实施东部带西部、城市带农村的人才对口支持政策，引导人才向西部和农村流动。实施高校毕业生基层培养计划，继续做好"三支一扶"、大学生志愿服务西部计划和农村义务教育阶段学校教师特设岗位计划等工作。加强和改进干部援藏援疆、博士服务团、"西部之光"访问学者、少数民族科技骨干和少数民族地区小学"双语"教师特殊培养等工作，为西部地区特别是边疆少数民族地区提供人才和智力支持。实施边远贫困地区、边疆民族地区和革命老区人才支持计划。

（一）高校毕业生基层培养计划

《国家中长期人才发展规划纲要（2010—2020年)》提出，要着眼于解决基层特别是中西部地区基层人才匮乏问题，培养锻炼后备人才，积极引导和鼓励高校毕业生到基层创业就业。实施一村一名大学生计划，用5年时间，先期选派10万名高校毕业生到村任职，到2020年，实现一村一名大学生目标。统筹各类大学生到基层服务创业计划。通过政府购买工作岗位、实施学费和助学贷款代偿、提供创业扶持等方式，引导高校毕业生到农村和社区服务、就业和自主创业。

(二) 边远贫困地区、边疆民族地区和革命老区人才支持计划

《国家中长期人才发展规划纲要（2010—2020 年）》提出，为促进边远贫困地区、边疆民族地区和革命老区加快发展，实现基本公共服务均等化目标，在职务、职称晋升等方面采取倾斜政策，每年引导 10 万名优秀教师、医生、科技人员、社会工作者、文化工作者到边远贫困地区、边疆民族地区和革命老区工作或提供服务。每年重点扶持培养 1 万名边远贫困地区、边疆民族地区和革命老区急需紧缺人才。

(三) 选派西部和其他少数民族地区干部到中央机关和东部挂职锻炼

为贯彻落实党中央关于实施西部大开发的战略部署，切实加强西部地区和其他少数民族地区领导班子和干部队伍建设，自 2000 年开始，中央组织部、中央统战部和国家民委联合制定专门规划，决定每年选派四百至五百名西部地区和其他少数民族地区干部到中央、国家机关和经济相对发达地区进行为期半年的挂职锻炼，为西部地区和其他少数民族地区培训四千至五千名党政领导干部和科技、经济管理人才。

(四) 选派中央国家机关和东部沿海省市优秀干部到贫困地区挂职锻炼

根据党中央和国务院部署，中组部等有关部门坚持组织选派优秀干部参与援藏、援疆、援青工作挂职锻炼（挂职期限一

般为 3 年）。由国务院扶贫办等部门牵头组织开展的中央国家机关定点扶贫和东西扶贫协作工作，要求选派优秀干部到定点扶贫县和对口帮扶省区挂职锻炼（挂职期限一般为 1—2 年）。

（五）文化、科技、卫生"三下乡"活动

1996 年 12 月中宣部、国家科委、农业部、文化部等十部委联合下发了《关于开展文化科技卫生"三下乡"活动的通知》，并从 1997 年开始正式实施。文化下乡包括图书、报刊下乡，送戏下乡，电影、电视下乡，开展群众性文化活动。科技下乡包括科技人员下乡，科技信息下乡，开展科普活动。卫生下乡包括医务人员下乡，扶持乡村卫生组织，培训农村卫生人员，参与和推动当地合作医疗事业发展。"三下乡"活动的开展，把发展经济、建设小康和扶贫攻坚结合起来，为农村中心工作服务，为农民致富服务；把面上活动与雪中送炭结合起来，突出工作重点，帮助贫困地区的农民不断提高素质和增强致富能力。

（六）"博士服务团"工作

这是中央组织部和共青团中央贯彻落实西部大开发战略和人才强国战略、为西部地区提供人才支持和智力服务的一项重要举措。从 1999 年开展以来，至 2010 年，累计已派出 10 批共 1196 名博士到西部地区服务。

（七）鼓励高校毕业生到西部地区和艰苦边远地区就业的优惠政策

中办、国办关于印发《关于引导和鼓励高校毕业生面向基层就业的意见》的通知（中办发［2005］18号）指出：要完善人才资源市场配置与政府宏观调控相结合的运行机制，进一步消除政策障碍，健全社会保障体系，促进高校毕业生到西部地区、艰苦边远地区和艰苦行业就业。对到西部县以下基层单位和艰苦边远地区就业的高校毕业生，实行来去自由的政策，户口可留在原籍或根据本人意愿迁往西部地区和艰苦边远地区。工作满5年以上的，根据本人意愿可以流动到原籍或除直辖市以外的其他地区工作，凡落实了接收单位的，接收单位所在地区应准予落户；需要人事代理服务的，由有关机构提供全面的免费代理服务。对毕业后自愿到艰苦地区、艰苦行业工作，服务达到一定年限的学生，其在校期间的国家助学贷款本息由国家代为偿还。到艰苦边远地区和国家扶贫开发工作重点县就业的，可提前执行转正定级工资，高定1至2档工资标准。

（八）高校毕业生"三支一扶"计划

"三支一扶"是指大学生在毕业后到农村基层从事支农、支教、支医和扶贫工作。2006年人力资源社会保障部联合中组部、教育部、财政部、农业部、卫生部、国务院扶贫办、共青团中央印发《关于组织开展高校毕业生到农村基层从事支教、支农、支医和扶贫工作的通知》，决定从2005年起连续5年，每年招募2万名左右高校毕业生，主要安排到乡镇开展支教、支农、支医和扶贫工作，时间一般为2到3年，工作期间给予一定生活补贴。服务期满后，进入市场自主择业，有关部门要协助在本系统内推荐就业。在今后晋升中高级职称时，同等条件下应优先评定。对报考公务员的，可以通过适当增加分数以及其他优惠政策，优先录用。对于已被录取为研究生的应届高校毕业生到基层服务的，为其保留学籍2年；对于到西部地区和艰苦边远地区服务2年以上的高校毕业生报考研究生的，应适当给予优惠并在同等条件下优先录取。2011年，8部委发文决定继续实施"三支一扶"计划，每年继续选拔2万名，5年内选拔10万名高校毕业生到基层从事"三支一扶"服务。

（九）大学生"村官"计划

大学生"村官"是指到农村（含社区）担任村党支部书记、村委会主任助理或其他村"两委"职务的具有大专以上学历的应届或往届大学毕业生。从2005年起，北京、四川等省市区先后启动大学生"村官"计划。截至2008年2月底，全国共有28个省市区启动大学生"村官"计划，其中17个省市区启动了村村有大学生"村官"计划。大学生"村官"到农村基层工作以后，充分利用自己的所学和特长，积极为建设农村、服务农民、发展农业做出贡献，同时自身也得到了锻炼和提高，成为新农村建设的骨干力量。2010年4月29日，中央组织部下发通知，5年内选聘10万大学生村官增长为5年内选聘20万大学生村官，2010年全国选聘3.6万名大学生村官。

（十）艰苦边远地区津贴制度

艰苦边远地区津贴是指对在艰苦边远地区工作的公务员额外劳动消耗和特殊生活费支出的适当补偿，主要体现出不同地区自然环境的差异，并根据不同地域的气候、海拔高度及当地物价因素确定。建立艰苦边远地区津贴制度，有利于发挥工资的补偿和导向作用，鼓励优秀人才到艰苦边远地区工作，并保持艰苦边远地区公务员队伍的稳定。艰苦边远地区津贴的实施范围，根据各地区的自然地理环境等因素确定，被列入艰苦边远地区的机关、事业单位的在职人员和离退休人员享受此项津贴。津贴类别，根据艰苦程度的不同划分为一、二、三、四类，共计634个县、市。艰苦边远地区津贴从2001年1月1日起实施。

（十一）中等职业学校农村家庭经济困难学生和涉农专业学生免学费政策

财政部、国家发展改革委、教育部、人力资源和社会保障部2009年印发《关于中等职业学校农村家庭经济困难学生和涉农专业学生免学费工作的意见》（财教〔2009〕442号），决定从2009年秋季学期起，对公办中等职业学校全日制正式学籍一、二、三年级在校生中农村家庭经济困难学生和涉农专业学生逐步免除学费（艺术类相关表演专业学生除外）。西藏自治区和新疆维吾尔自治区喀什、和田、克孜勒苏柯尔克孜三地州农村户籍的学生全部享受免学费政策；其他地区享受免学费政策的农村家庭经济困难学生分地区按以下比例确定：西部地区按在校生的25%确定；中部地区按在校生的15%确定；东部地区按在校生的5%确定。中央财政参照上述比例安排中央补助资金。各地可根据实际，合理确定行政区域内农村家庭经济困难学生的比例。涉农专业为2000年教育部发布的《中等职业学校专业目录》（教职成〔2000〕8号）中的农林类所有专业，具体包括：种植、农艺、园艺、蚕桑、养殖、畜牧兽医、水产养殖、野生动物保护、农副产品加工、棉花检验加工与经营、林业、园林、木材加工、林产品加工、森林资源与林政管理、森林采运工程、农村经济管理、农业机械化、航海捕捞,以及能源类的农村能源开发与利用专业和土木水利工程类的农业水利技术专业等 21 类专业。

(十二)"阳光工程"

为贯彻落实党中央、国务院的要求和部署,加强农村劳动力转移培训工作,农业部、财政部、劳动和社会保障部、教育部、科技部、建设部从 2004 年起,共同组织实施农村劳动力转移培训阳光工程(简称为"阳光工程")。阳光工程是由政府公共财政支持,主要在粮食主产区、劳动力主要输出地区、贫困地区和革命老区开展的农村劳动力转移到非农领域就业前的职业技能培训示范项目,按照"政府推动、学校主办、部门监管、农民受益"的原则组织实施,旨在提高农村劳动力素质和就业技能,促进农村劳动力向非农产业和城镇转移,实现稳定就业和增加农民收入,推动城乡经济社会协调发展,加快全面建设小康社会的步伐。2004—2005 年,重点支持粮食主产区、劳动力主要输出地区、贫困地区和革命老区开展短期职业技能培训,每年培训农村劳动力 250 万人,旨在探索培训工作机制,为大规模开展培训奠定基础。2006—2010 年,在全国大规模开展职业技能培训,建立健全农村劳动力转移培训机制,加大农村人力资源开发力度,年培训农村劳动力 600 万人,累计培训 3000 万人。2010 年以后,按照城乡经济社会协调发展的要求,把农村劳动力培训纳入国民教育体系,扩大培训规模,提高培训层次，使农村劳动力的科技文化素质总体上与我国现代化发展水平相适应。

（十三）"雨露计划"

国务院扶贫办组织实施的"雨露计划"，是在财政扶贫资金的支持下，以职业技能培训为主要内容，以促进贫困地区劳动力转移就业为主要目的的专项扶贫计划。该计划自2006年10月开始实施，目前已在全国认定了32个"雨露计划"培训示范基地，并以此为龙头形成了全国贫困地区劳动力转移培训网络；累计对640余万贫困劳动力进行了转移培训，并完成农村劳动力实用技术培训700余万人次，带动上千万贫困人口脱贫致富。根据新阶段扶贫开发工作需要，未来将进一步改革完善"雨露计划"的实施方式。

二、积极完善和制定更加有利于贫困地区发展的人才保障政策

加大贫困地区人才建设的步伐，必须制定和完善符合贫困地区实际需要、有利于贫困地区发展的人才保障政策，今后要力争在以下几个方面取得明显突破：

（一）积极开展志愿者服务

要制定完善相关政策措施，积极鼓励城市中教育、医疗、卫生和农技推广等方面的专家和高级人才到边远贫困地区开展志愿服务，特别是积极动员那些刚刚退休、身体条件允许的专

业人才到贫困地区继续工作。

（二）大力支持高校毕业生到贫困地区基层创业

除继续组织开展好"三支一扶"和大学生"村官"计划外，要制定完善创业激励政策，鼓励更多的高校毕业生到贫困地区基层创业，做新时期的致富带头人。

（三）鼓励大专院校、科研院所、医疗机构为贫困地区培养专业人才

要大力落实和加强扶持政策，选派贫困地区干部和专业技术人员到相关院校和机构进行脱产学习，帮助提高贫困地区人才素质。

（四）提高贫困地区工作人员的有关待遇

对长期在贫困地区工作的干部要落实鼓励政策，保障各类专业技术人员在职务、职称等方面享受倾斜政策。

（五）鼓励中央、省级机关干部到贫困地区挂职锻炼

不断完善激励机制，对挂职期限达到一定年限、为贫困地区发展做出重要贡献的挂职干部要重点培养和使用。

（六）加大对贫困地区干部和农村实用人才的培训力度

要深入完善扶贫培训体系和机制，通过教材、师资、基地、考核等环节建设，切实提高贫困地区干部培训质量和水平，切实提高贫困劳动力素质。

加大民族地区扶贫工作力度

加大对民族地区扶贫工作力度,始终是我国农村扶贫开发一个重大方针。《中国农村扶贫开发纲要(2011—2020年)》第四十条提出:"把对少数民族、妇女儿童和残疾人的扶贫开发纳入规划,统一组织,同步实施,同等条件下优先安排,加大支持力度。继续开展兴边富民行动,帮助人口较少民族脱贫致富。"

一、民族地区扶贫工作情况

多年来,国务院扶贫办及相关部门始终把尽快解决温饱、实现脱贫致富,不断提高自我发展能力作为民族地区扶贫开发工作的出发点和落脚点。国家鼓励各族群众充分发挥自身优势和潜力,强化农业基础地位,加强基础设施建设,大力发展社会事业,积极推动发展方式转变和经济结构调整,促进民族地区经济社会又好又快发展。

《中国农村扶贫开发纲要(2001—2010年)》第三章第十一条明确规定,"国家把贫困人口集中的中西部少数民族地区、革命老区、边疆地区和特困地区作为扶贫开发的重点",在确定国家扶贫开发工作重点县(以下简称"重点县")时,对民族地区适当放宽了标准,在592个重点县中,民族县占61%,使更多的民族自治地方得到了国家的重点扶持。

从2002年开始,国务院扶贫办先后与国家民委合作,参与组织编制了《扶持人口较少民族发展规划(2005—2010年)》、《兴边富民行动"十一五"规划》,并积极参与规划实施。2005年国务院扶贫办还专门印发了《关于认真贯彻落实国务院实施〈中华人民共和国民族区域自治法〉若干规定的通知》,要求各级扶贫部门高度重视民族地区的扶贫开发工作并将扶贫开发纳入当地经济社会发展规划,将267个重点县中少数民族自治县和西藏全部县作为扶贫工作重点区域,给予特殊扶持。在整村推进扶贫规划工作中,7个少数民族人口较多的省区共有3.4万个贫困村被纳入扶贫规划,占全国贫困村总数的22.9%;西藏有200个贫困乡镇被纳入扶贫规划。

2002年到2010年,在专项安排少数民族发展资金67.39亿元的同时,中央财政不断加大对内蒙古、广西、西藏、宁夏、新疆五个自治区和贵州、云南、青海三个少数民族人口较多省份的扶贫投入,中央财政扶贫资金从2002年的38亿元增加到2010年的89.84亿元,9年共累计投入507.28亿元,占全国总投入的40.3%。2008年又将西部地区所有边境县在内的120个边境县纳入"兴边富民行动"扶持范围。

为切实贯彻落实党的十七大关于"加大对革命老区、民族地区、边疆地区、贫困地区发展扶持力度"的精神,国务院扶贫办进一步加大整村推进工作力度,提出要确保在2010年底前完成人口较少民族贫困村(209个)、边境贫困村(432个)、国家扶贫开发工作重点县中革命老区贫困村（24008个）扶贫规划的实施。在"三个确保"贫困村中，1/3以上为少数民族聚集村，相当数量人口为少数民族贫困人口。目前，已全部完成整村推进工作。

在实施劳动力转移培训项目过程中，五个少数民族自治区和云南、贵州、青海三省各自认定了一个全国性的劳务输出培训示范基地，安排一定规模的资金，开发民族手工艺品，积极开展劳动力务工技能培训，就地转移劳动力，同时对留守劳动力开展农业实用技术培训，提高劳动技能。在实施易地扶贫搬迁工作中，针对部分少数民族群众生存条件恶劣、人居条件极差的实际情况，大力兴建安居工程。在实施科技扶贫方面，对民族贫困地区给予倾斜和照顾，2010年安排科技扶贫资金2000万元，占全国科技扶贫资金总额的40%。同时，还利用扶贫信贷资金对民族地区扶贫龙头企业给予重点支持，通过这些企业带动人口较少民族地区发展种养业、特色农产品加工业、特色旅游业。在东西扶贫协作工作中，安排了实力较强的北京、广东、福建、山东、上海、辽宁和大连、青岛、深圳、宁波对口帮扶少数民族人口较多的省区。在安排中央国家机关定点帮扶过程中，优先考虑少数民族地区的扶贫开发工作重点县，共有204个重点县中少数民族县得到帮助。在与国际组织开展的国际合作项目中也重点向民族地区倾斜。

针对民族地区特殊贫困成因和特殊贫困现象，国务院扶贫办还开展了不同类型的试点工作，努力寻找解决问题的途径。为解决西南喀斯特地区水土流失与贫困的恶性循环，在贵州晴隆开展了科技扶贫试点，探索发展草地畜牧业的成功模式；在贵州威宁喀斯特地区开展扶贫开发综合治理试点，加强部门沟通协调和规划衔接，避免多头申报和重复建设，发挥资金整体效益。为克服地方病给少数民族群众带来的痛苦，在四川阿坝州开展了扶贫开发和综合防治大骨节病试点，实行异地育人，帮助项目区的孩子完成义务教育，切断病魔代际传递。针对边境生存环境恶劣、边民承担守土护边责任的实际情况，在新疆阿合奇开展边境扶贫工作试点，使边疆通过发展实现巩固。对于发育程度很低的云南苦聪人、莽人、克木人，通过广泛的社会动员，短期内实现较大力度的资金投入，一次性解决住房、基础设施、公共服务、产业开发等问题，为经济社会的发展奠定基础。为了解决少数民族群众的安居问题，整合不同渠道资源，在新疆和西藏等地参与实施安居工程，为改善贫困群众的居住环境，保障人身和家庭财产安全创造了条件。

通过这些努力，2001—2010年，民族八省区低收入人口规模从3076.8万人减少到1034万人，少数民族重点县农民人均纯收入由2002年的1219元增长到2010年的3131.3元。扶贫开发改善了民族地区的基础设施，提高了社会服务水平，增加了贫困群众的收入，改变了群众的生活。

二、加大民族地区扶贫工作力度的必要性

扶持少数民族加快发展是新阶段民族工作的一项重要任务，极大地促进了民族团结进步事业的发展。继续加大对少数民族的扶贫工作力度，促进各民族共同团结奋斗、共同繁荣发展十分必要，主要体现在以下几个方面：

(一)党中央、国务院高度重视扶持人口较少民族发展问题

胡锦涛总书记两次做出重要批示,强调要"继续加大对人口较少民族发展的支持力度"。2009年6月13日,胡锦涛总书记在国家民委"关于扶持人口较少民族发展工作情况的报告"上批示:扶持人口较少民族发展规划实施四年来,取得了明显成效。实践证明,党中央、国务院的决策是得民心、顺民意的。

2009年6月14日,回良玉副总理在国家民委"关于扶持人口较少民族发展工作情况的报告"上批示:要以学习贯彻锦涛总书记批示精神为动力,凝聚合力推动人口较少民族经济社会发展再上新台阶。当前要认真做好现有规划的组织实施,切实抓好全国扶持人口较少民族发展经验交流会的筹备,抓紧开展有关"十二五"专项规划的前期调研工作。

2009年7月3日,全国政协主席贾庆林在杨晶、杨传堂同志"关于扶持人口较少民族发展规划实施进展情况及下一步工作思路的报告"上批示:要认真学习锦涛同志重要批示精神,学习良玉同志重要讲话,交流情况,总结经验,继续抓好规划的组织实施,落实各项措施和目标任务,并着手编制"十二五"规划,进一步加大支持力度,推动人口较少民族经济社会又好又快发展。

2009年7月11日,回良玉副总理在全国扶持人口较少民族发展工作经验交流会上指出:今明两年是如期完成扶持人口较少民族发展规划目标的攻坚阶段,也是谋划"十二五"规划的关键时期。要进一步实施好现有规划,确保如期完成目标任务,

要及早着手编制扶持人口较少民族发展的"十二五"规划。

（二）由于历史和自然等原因，制约人口较少民族聚居地区经济社会发展的突出矛盾和主要问题尚未得到根本解决

少数民族，特别是人口较少民族的贫困，是我国贫困问题的一个突出特征。帮助他们解决贫困问题，共享改革开放成果，事关民族团结、边疆巩固、社会和谐和民族地区科学发展。完成"十一五"规划只是一个阶段性目标，人口较少民族具备了一定的发展基础，但各项建设标准较低，配套设施不完善。在实现"十一五"规划目标任务的基础上，根据《中国农村扶贫开发纲要（2011—2020年）》精神，按照实现全面建设小康社会的要求，国家要继续加大对人口较少民族的扶持力度，适当扩大范围，推进人口较少民族经济社会又好又快发展。这是巩固和发展平等团结互助和谐的社会主义民族关系的重要举措，对促进人口较少民族加快发展和全面建设小康社会具有十分重要的意义。

（三）加大对民族地区扶贫力度是贯彻落实国家有关法律、法规和政策的需要

《国务院实施〈中华人民共和国民族区域自治法〉若干规定》（国务院令第435号，2005年5月19日）第十五条规定："上级人民政府将人口较少民族聚居的地区发展纳入经济和社会发展规划，加大扶持力度，在交通、能源、生态环境保护与建设、农业基础设施建设、广播影视、文化、教育、医疗卫生以及群众生产生活等方面，给予重点支持。"《中共中央关于制

定国民经济和社会发展第十二个五年规划的建议》（2010 年 10 月 18 日）提出："加大西藏、新疆和其他民族地区发展力度，扶持人口较少民族发展。"《中共中央、国务院关于深入实施西部大开发战略的若干意见》（中发［2010］11 号）提出："扶持人口较少民族发展。"

三、进一步加大民族地区扶贫工作力度

虽然民族地区的扶贫工作取得了很大成绩，但是由于历史的原因，目前还面临很多困难和挑战。少数民族贫困人口集中分布的喀斯特山区、黄土高原地区、青藏高原地区、荒漠化地区生态环境恶劣，自然灾害频发，农业生产条件、基础设施和社会服务远远低于全国平均水平，对提高投入水平、加大扶贫开发工作力度有很高的要求。民族地区的贫困问题是自然、地理、气候、民族、宗教、边境等诸多问题的集合体，既敏感又复杂，解决起来难度大、成本高，是未来扶贫开发工作必须重点攻克的难关。国家有关部门和机构把少数民族地区的扶贫工作放在特别重要的位置，创新思路、完善机制、加大投入、抓出成效。

（一）实施"十二五"扶持人口较少民族发展规划

国家民委牵头，会同国家发展改革委、财政部、人民银行、国务院扶贫办编制的《扶持人口较少民族发展规划（2011—2015 年）》已于 2011 年印发实施。

（二）继续加大投入和工作力度

适当调整扶贫资金分配因素的权重，确保地广人稀、深度

贫困的少数民族地区得到应有的扶持力度。继续动员和安排中央国家机关和大型国有企事业单位到民族地区对口帮扶。鼓励非政府组织和民营经济到民族地区进行开发。在国际合作项目中，优先考虑民族地区。

(三) 继续开展兴边富民行动

边境一线的贫困问题有其特殊性，帮助贫困群众解决迫切需要解决的贫困问题，共享改革开放成果，事关民族团结、边疆巩固、社会和谐和民族地区科学发展，意义深远。实践证明，兴边富民行动对推动边境地区、民族地区的经济社会发展起到了积极的作用，也让边境地区的人口较少民族尽快地摆脱贫困。要继续开展兴边富民行动，帮助人口较少民族脱贫致富。

(四) 改善基本生产生活条件

有条件的地方，继续实施整村推进，将危房改造、人畜饮水等基本生存需求作为其中的重要内容。缺少基本生存条件的地区，利用工业化、城镇化过程，结合防灾避灾和新农村建设，实施易地扶贫搬迁。在整村推进的基础上实施连片开发，整体改变贫困地区面貌。

(五) 努力提高劳动力基本素质

继续通过认定的"雨露计划"示范基地和各省区认定的省、地、县三级培训点，加大对少数民族劳动力的培训。进一步加强"两后生"职业技能教育的支持力度，提高补贴标准。提倡在地方政府、工会等帮助下，组织当地少数民族劳动力外出打工。

(六) 扶持龙头企业带动民族地区特色产业发展

充分发挥国家扶贫龙头企业的作用，带动人口较少民族地区发展种养业、特色农产品加工业、特色旅游业。加强产业指导，培育农民合作组织，确保贫困群众在产业发展过程中受益。利用机关定点帮扶、东西扶贫协作等机制引导东部企业到这些地区创业。

(七) 统筹经济增长和环境保护，实现可持续发展

民族地区的生产生活条件较差，生态环境脆弱，扶贫开发必须坚持开发与生态环境的保护、恢复相结合。结合坡改梯、冷水渍害田改造、地头水柜（水窖）等微型水利项目的建设，治理水土流失。积极利用沼气、太阳能等可再生能源，减少对自然资源的破坏。在西南石漠化地区积极发展草地畜牧业，实现扶贫开发与生态建设的良性循环。

完善扶贫工作考核激励机制

为引导地方各级政府协调属地各种资源参与扶贫开发，切实担负起扶贫开发的重要职责，不断推进扶贫工作，提高管理水平，《中国农村扶贫开发纲要（2011—2020年）》第四十一条要求："进一步完善对有关党政领导干部、工作部门和重点县的扶贫开发工作考核激励机制，各级组织部门要积极配合。"

一、开展扶贫开发工作考核的必要性

我国扶贫开发任务依然十分艰巨。《中国农村扶贫开发纲要（2011—2020年）》提出"到2020年，稳定实现扶贫对象不愁吃、不愁穿，保障其义务教育、基本医疗和住房。贫困地区农民人均纯收入增长幅度高于全国平均水平，基本公共服务主要领域指标接近全国平均水平，扭转发展差距扩大趋势"的奋斗目标和12个方面的主要任务。为强化责任，明确任务，《中国农村扶贫开发纲要（2011—2020年）》同时提出了"各级政府对本行政区域内扶贫开发工作负总责"和"各行业部门要把改善贫困地区发展环境和条件作为本行业发展规划的重要内容，在资金、项目等方面向贫困地区倾斜，并完成本行业国家确定的扶贫任务"的要求。中央办公厅、国务院办公厅还联合下发《中国农村扶贫开发纲要（2011—2020年）》的政策措施分工意见，把《中国农村扶贫开发纲要（2011—2020年）》的49条分解为86条，全部落实到各个部门。因此，建立扶贫开发工作考核机制，对进一步调动地方各级政府和各行业部门的积极性和主动性，强化责任意识，克服消极畏难情绪，确保《中国农村扶贫开发纲要（2011—2020年）》目标的实现十分必要。

二、开展扶贫开发工作考核的可行性

《中国农村扶贫开发纲要（2001—2010年）》提出："要继续实行扶贫工作党政'一把手'负责制，把扶贫开发的效果作为考核这些地方党政主要负责人政绩的重要依据"。十年间，各省结合本地实际，制定了不同形式的考核办法，如湖北省印发了《湖北省地方党政主要负责同志扶贫工作责任制考核办法》、广东省印发了《广东省扶贫开发"规划到户责任到人"工作考评办法》和《广东省扶贫开发工作问责暂行办法》，安徽省制定了《扶贫开发工作重点县综合评价考核办法》、贵州省制定了《贵州省扶贫开发工作考核管理暂行办法》等。此外，2006年，国务院扶贫办和财政部联合印发了《财政扶贫资金绩效考评办法》。这些考核办法的制定和实施，极大地调动各级政府做好扶贫开发工作的积极性和主动性，增强了的责任感和使命感，提高了扶贫资金使用效益，进一步推动了扶贫开发事业的发展，为如期实现《中国农村扶贫开发纲要（2001—

2010年)》确定的目标任务发挥了积极作用。同时也为全面开展扶贫工作考核积累了宝贵经验。

三、扶贫开发工作考核基本思路

为贯彻《中国农村扶贫开发纲要(2011—2020年)》关于进一步完善扶贫开发工作考核激励机制的要求,2012年1月6日,国务院扶贫开发领导小组印发了《扶贫开发工作考核办法(试行)》国开发〔2012〕1号。

(一)考核目的

建立扶贫开发工作考核机制,旨在增强地方各级政府推进扶贫开发工作的责任感和紧迫感,调动地方参与扶贫开发工作的积极性和主动性,完善和巩固大扶贫格局;加强对各省(自治区、直辖市)扶贫开发工作的指导和监督,科学分析和判断各级扶贫开发工作形势,促进扶贫开发政策措施落实,切实提高扶贫开发水平和资金使用效率;确保《中国农村扶贫开发纲要(2011—2020年)》确定的各项目标、工作任务如期完成。

(二)考核原则

一是统一领导、分级负责。考核工作由各级扶贫开发领导小组统一组织和领导。中央负责对省级扶贫开发工作进行考核,各省负责组织对地(市、州)、县级扶贫开发工作进行考核。二是权责明确、因地制宜。加强领导,强化责任,明确分工,逐级落实扶贫开发责任,结合当地实际,有针对性地组织开展本地区的考核。三是客观公正、科学规范。考核工作要做到公平公正,标准统一,依据真实,程序规范,方法科学。四是鼓励先进、鞭策后进。根据各省扶贫开发责任落实情况和工作成效,奖优罚劣。

(三)考核范围

扶贫开发工作考核对象包括两层次:一是 28 个有扶贫开发工作任务的省;有扶贫开发工作任务的地(市、州);连片特困地区、国家扶贫开发工作重点县(东部为省定重点县,以下简称重点县)和享受重点县待遇的县。二是中央和国家机关相关部委。

(四)考核方式

从考核的层级看,国务院扶贫开发领导小组负责对省级扶贫开发工作进行考核,各省参照国家考核办法,制定本省考核办法,并负责对地(市、州)、县级扶贫开发工作进行考核。从考核的方法看,采取自评与重点抽查、交叉检查相结合,上级考评与专家参与相结合的方式进行考核。从考核的对象看,既考核各级政府扶贫开发责任制落实情况,又考核中央和国家机关相关部委对《中国农村扶贫开发纲要(2011—2020 年)》重要政策措施分工落实情况。从考核的时间看,次年对上年度扶贫开发工作进行考核,一年一次。

(五)考核内容

扶贫开发工作考核主要包括四个方面的内容:一是各省对

扶贫工作的重视程度。主要考核各省人民政府扶贫开发责任的落实情况，是否将其作为一项重要工作列入本省工作议事日程，全力推进专项扶贫、行业扶贫和社会扶贫相互配合，努力构建大扶贫的新格局。二是扶贫开发成效和相关行业部门扶贫开发任务落实情况。主要考核各省、相关行业部门在改善贫困地区基本生产生活条件、基本公共服务条件等方面的成效和进展情况，推动《中国农村扶贫开发纲要（2011—2020年）》确定的12项主要任务顺利完成。三是扶贫工作实施情况。主要考核各省移民扶贫、整村推进、产业扶贫、以工代赈和就业促进等扶贫重点工作的进展情况，确保扶贫资金投入符合《中国农村扶贫开发纲要（2011—2020年）》确定的目标对象和重点范围。四是扶贫工作管理情况。主要考核各省扶贫部门在扶贫资金管理、项目实施进度、贫困人口瞄准、扶贫工作制度以及机制创新等方面的情况。

（六）考核的组织

考核工作由各级扶贫开发领导小组统一组织。一是成立考核工作领导小组。中央对各省的考核，由国务院扶贫开发领导小组牵头，成立由中组部、发展改革委、教育部、国家民委、民政部、财政部、住房与城乡建设部、交通运输部、水利部、卫生部、人民银行、国家统计局、扶贫办等有关部门组成。负责考核工作的指导、协调和政策支持，并对考核结果初步认定。二是考核工作领导小组下设考核组，办公室设在国务院扶贫办。选聘扶贫、公共行政管理、统计和财务等方面的专家，与考核工作领导小组有关人员共同组成考核工作实施小组，具体负责考核工作。三是各省根据本省实际组建考核领导小组和考核组。

（七）考核结果运用

对于考核结果较好的省（区、市），以扶贫开发领导小组名义通报表扬，并在中央财政专项扶贫资金分配时给予倾斜。并作为有扶贫开发工作任务的地方和部门领导班子及领导干部综合考核评价的重要内容和奖惩、使用的重要依据。

加强扶贫机构队伍建设

为了进一步做好新阶段的扶贫开发工作,《中国农村扶贫开发纲要（2011—2020年）》第四十三条中提出："各级扶贫开发领导小组要加强对扶贫开发工作的指导，研究制定政策措施，协调落实各项工作。各省（自治区、直辖市）扶贫开发领导小组每年要向国务院扶贫开发领导小组报告工作。要进一步强化各级扶贫机构及其职能，加强队伍建设，改善工作条件，提高管理水平。贫困程度深的乡镇要有专门干部负责扶贫开发工作。贫困地区县级领导干部和县以上扶贫部门干部的培训要纳入各级党政干部培训规划。各级扶贫部门要大力加强思想、作风、廉政和效能建设，提高执行能力。"

一、我国扶贫机构的设置和职能

我国的扶贫开发机构是随着扶贫开发工作的需要而建立和发展起来的。1986年6月，成立了国务院贫困地区经济开发领导小组（1993年12月更名为国务院扶贫开发领导小组），基本任务是：组织调查研究；拟订贫困地区经济开发的方针、政策和规划；协调解决开发建设中的重要问题；督促、检查和总结交流经验。国务院分管农业农村工作的领导担任扶贫开发领导小组组长,先后是陈俊生国务委员(1986—2003年)、温家宝副总理(2003—2008年)、回良玉副总理(2003年至今)。

目前,领导小组由30多个部门构成,包括扶贫办、总政治部、发展改革委、财政部、农业部、人民银行、教育部、科学技术部、国家民委、民政部、人力资源和社会保障部、国土资源部、环境保护部、交通运输部、水利部、商务部、文化部、卫生部、人口计生委、广电总局、统计局、林业局、农业银行、供销总社、全国总工会、共青团中央、全国妇联、中国残联。

扶贫领导小组下设办公室,负责办理日常工作。主要职能是:研究拟定扶贫开发工作的政策、规划并组织实施;协调社会各界的扶贫工作,协调组织中央国家机关定点扶贫工作和东部发达地区支持西部贫困地区的扶贫协作工作;拟定农村贫困人口和国家扶贫开发工作重点县的扶持标准,研究提出确定和撤消重点县的意见;组织对扶贫开发情况进行统计和动态监测,指导扶贫系统的统计监测工作;协调拟定中央扶贫资金分配方案,指导、检查和监督扶贫资金的使用,指导跨省区重点扶贫项目;组织开展扶贫开发宣传工作;负责有关扶贫的国际交流与合作;承担全国贫困地区干部扶贫开发培训工作;承办国务院扶贫开发领导小组交办的其他事项。

相关省、自治区、直辖市和地(市)、县级政府也成立了相应的组织机构,负责本地的扶贫开发工作。

在20多年的扶贫开发实践中,各级扶贫部门发挥了积极的作用。一是全面掌握全国贫困状况和变化趋势,及时反映快速发展过程中的贫富差距,拟定国家扶贫标准,划定重点扶持区域，为宏观决策当好参谋，提出建议。二是从国家和各地发展的总体目标出发，配合各级经济社会发展规划的总体要求，研究拟定分阶段的扶贫开发规划，协调扶贫资金分配使用方案，组织实施扶贫项目，加强对扶贫资金使用的指导、检查和监督。三是积极动员社会各界参与扶贫工作事业，特别是协调中央国家机关定点扶贫工作和东西部扶贫协作工作，以及各级党政机关对口帮扶工作。四是组织对扶贫开发情况进行统计和动态监测，指导扶贫系统的统计监测工作，为瞄准贫困人口、采取更有针对性的扶持措施奠定基础。五是组织开展扶贫开发宣传和培训工作，扩大扶贫事业的影响，提高扶贫系统干部的基本素质和政策水平。六是积极开展减贫领域的国际交流与合作，增进人民友谊，共享减贫经验。

二、进一步加强扶贫机构队伍建设

新阶段扶贫开发工作任务更重，责任更大，难度增加，必须进一步加大扶贫机构队伍建设力度：

（一）各级扶贫开发领导小组要加强对扶贫开发工作的指导，研究制定政策措施，协调落实各项工作

根据《中国农村扶贫开发纲要（2011—2020年）》的精神，扶贫开发工作要坚持"政府主导，分级负责"的原则，各级政府对本行政区域内扶贫开发工作负总责。国家坚持中央统筹、省负总责、县抓落实的管理体制，实行党政一把手负总责的扶贫开发工作责任制。各级扶贫开发领导小组要承担起组织协调

的任务，强化综合协调职能，加强领导，统一部署，把扶贫开发纳入经济社会发展战略及总体规划，加大省县统筹、资源整合力度，扎实推进各项工作。各省（自治区、直辖市）扶贫开发领导小组每年要向国务院扶贫开发领导小组报告工作。各县扶贫开发工作领导小组也要向省级扶贫领导小组报告工作。

（二）要进一步强化各级扶贫机构及其职能，加强队伍建设，改善工作条件，提高管理水平

目前扶贫机构和队伍的现状还难以满足新阶段扶贫开发任务的需要，扶贫机构需要加强，干部队伍需要充实，工作能力需要提高。扶贫任务重的省区市和县旗市，要把扶贫工作机构作为政府工作的主要部门，强化职能，配备干部。贫困程度深的乡镇要有专门干部负责扶贫开发工作。根据财政分级负责的管理体制，地方各级政府要保证扶贫机构正常的办公条件和工作费用。

（三）贫困地区县级领导干部和县以上扶贫部门干部的培训要纳入各级党政干部培训规划

多年来，各级组织部门和财政部门对贫困地区和扶贫系统的干部培训给予了大力支持，取得显著成效。为了满足新阶段扶贫开发工作的需要，要对连片特困地区、重点县的党政干部，扶贫系统的各级干部进行大规模培训。各级扶贫部门都要积极争取有关部门支持，充分利用现有培训资源，制定培训计划，落实培训经费，建设培训能力，组织好师资和教材，不断提高培训水平。

（四）各级扶贫部门要大力加强思想、作风、廉政和效能建设，提高执行能力

一是要加强理论武装，提高思想理论和政策水平。扶贫系统的各级领导干部要结合开展创先争优和学习型党组织创建活动，自觉增强学习的紧迫感，通过深入学习中国特色社会主义理论体系，不断加深对科学发展观丰富内涵和精神实质的理解，努力掌握贯穿其中的马克思主义立场观点方法，认真学习、深刻理解中央的大政方针和各项工作部署，不断提高运用科学理论分析解决实际问题的能力。二是要深入实际，注重调查研究。做到在思想上尊重群众，情感上贴近群众，行动上深入群众，尽可能设身处地，多从贫困地区和贫困群众的角度考虑问题，真诚倾听他们的呼声，真情关心他们的疾苦，真实反映他们的意见，真心实意地为他们解难题，办实事。三是要有使命感，增强责任心。以对党对人民、对贫困地区群众高度负责的态度，敢于担当，敢于较真，在困难面前不畏难、不退缩、不动摇，始终保持坚定的信念和执着的追求，始终保持昂扬向上、奋发有为的工作激情，始终保持艰苦奋斗的思想作风，脚踏实地为扶贫开发事业做贡献。四是坚持开拓创新，不断探索新方法，做到与时俱进，因势利导，结合实际创造性地贯彻落实党在扶贫开发工作方面提出的政策和措施，不断开拓中国特色扶贫开发事业的新局面。五是要坚持廉洁从政，保持清廉本色。要自觉加强党性修养，端正价值追求，提升道德情操，教育督促广大党员、特别是党员领导干部严格遵守廉洁自律各项规定，自觉抵制拜金主义、享乐主义、极端个人主义思想的侵蚀，堂堂正正做人，干干净净干事。

大力加强扶贫干部培训

根据《中国农村扶贫开发纲要（2011—2020年）》提出的"加大贫困地区干部培训力度"的要求，加强对新阶段扶贫开发干部培训工作的领导，采取有力措施，规范、有序地组织各类扶贫干部培训，确保《中国农村扶贫开发纲要（2011—2020年）》提出的各项任务落到实处，为打好新一轮扶贫开发攻坚战提供人才智力支持保障。

一、加强扶贫干部培训的重大意义

"十一五"时期，全国共培训贫困地区党政干部、扶贫系统干部、贫困村干部和帮扶干部等各类扶贫干部约300余万人次，有效地提高了扶贫开发工作本领，为完成前十年扶贫开发纲要目标任务做出了重要贡献。

《中国农村扶贫开发纲要（2011—2020年）》明确指出，我国扶贫开发已经从以解决温饱为主要任务的阶段转入巩固温饱成果、加快脱贫致富、改善生态环境、提高发展能力、缩小发展差距的新阶段。未来十年扶贫开发，要"把连片特困地区作为主战场，把稳定解决扶贫对象温饱、尽快实现脱贫致富作为首要任务"。《中国农村扶贫开发纲要（2011—2020年）》明确要求，"贫困地区县级领导干部和县以上扶贫部门干部的培训要纳入各级党政干部培训规划"。因此，进一步加强扶贫干部培训工作，着力提高扶贫干部的思想政治素质、扶贫业务水平和科学管理能力，是实现《中国农村扶贫开发纲要（2011—2020年）》目标任务的重要保证。各地必须从全局和战略高度深刻认识扶贫干部培训工作的重要意义，进一步增强做好新形势下扶贫干部培训工作的责任感和紧迫感，不断开创扶贫干部培训工作新局面。

二、加强扶贫干部培训的总体思路和"十二五"期间主要任务

总体要求：高举中国特色社会主义伟大旗帜，以邓小平理论和"三个代表"重要思想为指导，深入贯彻落实科学发展观，围绕《中国农村扶贫开发纲要（2011—2020年）》确定的目标任务，以集中连片特殊困难地区的省（区市）、市（地州盟）、县、乡、村各级扶贫干部为主要培训对象，以改革创新为动力，以能力建设为重点，以提升培训质量为主线，通过开展大规模的贫困地区扶贫干部培训，努力培养造就一支政治素质好、知识结构优、履职能力强、作风过得硬的扶贫干部队伍，推动《中国农村扶贫开发纲要（2011—2020年）》顺利实施，促进贫困地区经济社会又好又快发展。

工作原则：一是坚持服务扶贫大局。围绕新时期扶贫开发和贫困地区发展大局，发挥扶贫干部培训在扶贫开发中的基础

工程作用，有效激发扶贫干部深入推进扶贫开发的紧迫感、责任感和使命感，提高其扶贫政策理论水平和扶贫开发攻坚能力。

二是坚持分级分类培训。中央和省各级扶贫部门应根据各自的培训职责、对象和工作重点，加强上下联动、区域合作，形成分层次、分类别、多形式的扶贫干部培训体系。

三是坚持注重能力培养。强化能力提升需求导向，根据扶贫培训工作特点，制定切实可行的培训计划；坚持理论联系实际，开展多种形式教学培训，增强培训的针对性和实效性。

四是坚持体制机制创新。创新培训内容，改进培训方式，整合培训资源，优化培训队伍，研制培训大纲，开发培训课程，完善培训基地，逐步建立标准体系，形成绩效考核机制，探索并不断完善扶贫干部培训工作的管理体制和运行机制。

基本目标：到2015年，全国培训各级各类扶贫干部达到111万人次的规模，其中地、县、乡党政领导干部2万人次，扶贫工作部门干部和社会帮扶干部9万人次，基层农村干部等100万人次。实施六大培训工程，逐步提高扶贫干部培训的针对性与实效性；编写各类重点课程教学培训大纲，逐步完善扶贫干部培训标准体系；整合各级扶贫培训和社会教育培训资源，逐步形成扶贫开发干部培训体系；加强精品课程及教材和培训制度建设，逐步构建扶贫干部培训管理体系，从而大幅度提高扶贫干部的综合素质和扶贫发展能力。

重点对象：一是集中连片特殊困难地区党政领导干部。包括连片特困地区重点县党政领导干部、地（市、州、盟）党政领导干部和重点乡（镇）党政领导干部。二是扶贫工作部门干部。包括中央、省（区市）、地（市州）、县扶贫部门干部和乡

（镇）扶贫专干等，突出抓好中青年扶贫干部培训。三是整村推进的重点村干部。包括村党支部书记、村委会主任和农民专业合作社负责人、大学生村官、"三支一扶"干部、乡村扶贫财会人员等基层干部。四是社会帮扶干部。包括中央和省级党政机关、企事业单位及军队定点扶贫工作干部，东西扶贫协作工作干部，以及民间社会扶贫人员和各类扶贫组织负责人等。

主要任务：重点实施扶贫干部培训六大工程：连片特困地区县乡党政干部培训工程、扶贫系统干部岗位培训工程、中青年扶贫人才培训工程、扶贫重点业务研修工程、社会帮扶干部培训工程和百万村干部培训工程。

国务院扶贫开发领导小组办公室负责扶贫干部培训的统筹规划、大纲研制、标准建立、指导协调、教材开发、基地建设、督促检查、制度建设和绩效考核等工作，并直接完成片区重点县党政领导干部、中青年扶贫骨干和示范培训任务，"十二五"培训规模达到1万人次。各省（区、市）扶贫机构负责制订本地扶贫干部培训计划、建立地方培训标准、组织实施培训、编制地方教材和基层培训指导等工作，并直接完成重点乡镇干部及示范基地培训任务，指导、帮助和推动各地市、县开展贫困村干部和农村致富带头人培训等，五年培训规模达到10万人次。各县（市）及地（市、州、盟）的扶贫机构负责完成乡村干部和基层组织负责人的培训，五年培训规模达到100万人次。

三、提高扶贫干部培训质量的措施

整合培训资源。坚持和强化现有扶贫专业培训机构的公益性职能，发挥其在扶贫干部培训工作中的主力军作用，不断提升其专业化水平。完善以国务院扶贫办全国贫困地区干部培训中心为龙头，各省（区、市）扶贫办、协作办培训机构为骨干，市、县扶贫办定点培训机构为基础的网络体系。根据扶贫干部培训需要，开辟各类扶贫干部实践教研基地，着力改善办学条件，完善教学功能，利用现代传媒手段，建立扶贫培训信息平台，创建扶贫电教网络，增强扶贫培训工作能力。加强与各级党校、行政学院、科研单位、高等院校等培训机构的合作，充分利用社会培训资源，尤其重视发挥沿海发达地区培训机构作用，拓宽扶贫干部培训合作领域。

强化培训管理。要着力在制订扶贫培训标准，编写重点课程教学大纲上下工夫，从培训实施向培训管理转型。完善扶贫培训师资选聘机制，引导优秀师资积极参与扶贫干部培训工作。采取自培、兼职、聘用等途径，建立扶贫培训师资库。注重从相关职能部门、高等院校、科研院所和扶贫工作第一线的人员中选聘优秀兼职教师。继续开展对培训者的培训，努力提高培训工作管理者和教学人员的整体水平。适应新时期扶贫培训的需要，组织编写针对实施六大扶贫干部培训工程的系统培训教材，保证不同层次、不同形式的培训班、专题班都有基础教材、专题教材、案例教材和参阅教材。

改革教学方式。引入现代培训方式，加强培训需求调查，努力增强培训的针对性和有效性，做到按需培训，努力创新扶贫干部培训方式方法。在完善讲授式教学的基础上，推广研究式、案例式、体验式、互动式、模拟式教学，引进参与式扶贫培训方法，实现从单向传授向双向互动交流为主的转变。不断改进培训班次设置方式,组织专题培训、短期培训、案例分析、小班教学及学员论坛,力求方式灵活多样。开展国内延伸性培训,加强省际之间的交流与合作,相互学习借鉴扶贫开发成功典型。有条件的地方,可以逐步开展远程网络教学。有针对性地组织扶贫干部到国外培训,学习借鉴国际反贫困的经验。与有关高等院校合作,组织"扶贫与发展专业硕士班";亦可与教育部门尝试合作开设"扶贫与发展"专业课程,争取纳入国民学历教育的范畴。

建立考评机制。不断完善扶贫干部培训效果和质量考核评估机制,除继续坚持培训班即时评估和领导检查评估的做法外,要通过扶贫部门综合反馈和借助第三方进行培训效果评估。"十二五"时期,要建立完善扶贫开发干部培训质量与效果考核办法和评估指标体系。建立健全培训激励约束机制,采取建立学员档案、颁发结业证书等学籍管理措施,建立与地方组织部门的沟通管道,逐步实行完成培训任务情况与晋职晋级挂钩,增强扶贫干部参与培训的积极性。

四、强化扶贫干部培训的保障体系

加强组织领导。建立健全分级负责、分工协作的扶贫干部培训工作体制机制。明确中央和省及有关地县的扶贫干部培训工作职责;适当划分中央和地方的扶贫干部培训工作主要任务和事权;统筹中央和地方两方面力量,加大扶贫干部培训的工作力度,建设和完善扶贫干部培训的支持政策规划体系及工作机制;加强上下互动,推动区域合作,形成党政领导重视、扶贫部门主抓、全社会一齐动手的扶贫干部培训工作格局。

扶贫干部培训工作要在各级党委、政府的统一领导下进行，实行责任分工、合作实施。组织部门要统一组织协调扶贫干部培训，做好党政领导干部调训和培训指导；扶贫部门要根据本规划精神，负责制定年度培训计划，并全面组织扶贫干部培训工作，加强培训项目实施监管；扶贫干部培训机构要认真履行职能，积极整合资源，具体实施培训任务；财政部门要积极安排扶贫干部培训资金，为规划实施提供可靠的资金保证，并对资金使用情况进行监督。建立扶贫部门与地方组织部门沟通协调机制，把扶贫干部培训作为组织培养干部的一个渠道。

增加培训投入。本着分级负责的原则，培训经费由中央和省（区、市）分别承担。中央财政要加大对省、地、县和中西部基层贫困乡镇公共培训服务转移支付和专项补贴力度，建立中央财政扶贫干部培训资金增长机制。省级财政对省、地、县三级开展的扶贫干部培训，在财政扶贫资金中分别做出安排。财政扶贫资金用于扶贫干部培训的经费投入应加大力度，争取逐年有所提高。地方财政也要做出专门的预算安排，根据情况逐年增加。沿海发达省市在东西扶贫协作中要积极协调安排扶贫干部培训资金。要积极争取社会力量支持，多渠道筹集培训资金，保障扶贫干部培训经费来源。

实行项目管理。按照分级实施、分级管理的原则，将扶贫干部培训纳入各级扶贫部门的项目管理范畴，从计划制定、申报、审批，到培训班的具体实施以及培训项目经费的使用等，实行严格、科学、规范的项目程序。按照"经费跟着项目走"的原则，各地根据实际，制定扶贫干部培训项目管理办法，做到有章可循。积极推行扶贫干部培训项目承包、经费预算管理、分级报账的办法,合理划分前期调研、课程设计、办班实施、效果评估等项用途,费用标准由各省参照中央规定执行,保证专款专用。

强化督促检查。各地要结合实际,制定本地区"十二五"扶贫干部培训规划,并纳入扶贫开发总体规划和地方干部教育培训规划。国务院扶贫办和各级扶贫办、协作办要做好规划实施情况的督促检查。

加强财政专项扶贫资金使用管理

《中国农村扶贫开发纲要（2011—2020 年）》（以下简称《纲要》）第四十四条就加强财政专项扶贫资金使用管理提出明确要求："财政扶贫资金主要投向连片特困地区、重点县和贫困村，集中用于培育特色优势产业、提高扶贫对象发展能力和改善扶贫对象基本生产生活条件，逐步增加直接扶持到户资金规模。创新扶贫资金到户扶持机制，采取多种方式，使扶贫对象得到直接有效扶持。使用扶贫资金的基础设施建设项目，要确保扶贫对象优先受益，产业扶贫项目要建立健全带动贫困户脱贫增收的利益联接机制。完善扶贫资金和项目管理办法，开展绩效考评。建立健全协调统一的扶贫资金管理机制。全面推行扶贫资金项目公告公示制，强化审计监督，拓宽监管渠道，坚决查处挤占挪用、截留和贪污扶贫资金的行为。"

贯彻落实《纲要》关于加强财政专项扶贫资金使用管理的要求，财政部会同国家发展改革委、国务院扶贫办于 2011 年 11 月 7 日修订印发了《财政专项扶贫资金管理办法》（以下简称《管理办法》）。《纲要》作为新阶段农村扶贫开发的纲领性文件，《管理办法》作为强化资金管理的重要制度依据，对新阶段完善财政专项扶贫资金使用，创新财政扶贫开发工作机制，强化财政专项扶贫资金监管提出了明确的要求。

一、突出财政专项扶贫资金使用重点

农村扶贫开发是一项系统工程，涉及贫困地区经济社会发展的各个方面。财政扶贫是农村扶贫开发最重要的政策支撑，财政专项扶贫资金涉及的范围也相对较广，支持建设的项目数目多，但较为分散。为使用好有限的财政专项扶贫资金，支持解决贫困地区突出困难和关键问题，切实提升财政专项扶贫资金效益，《纲要》和《管理办法》均对突出财政专项扶贫资金使用重点提出了明确的要求，包括资金使用的重点区域、重点方向、重点环节和重点对象等。

（一）重点区域。《纲要》确定六盘山区等区域的连片特困地区和已明确实施特殊政策的西藏、四省藏区、新疆南疆三地州作为新阶段扶贫攻坚的主战场。要求加大投入和支持力度，集中力量支持连片特困地区实施扶贫攻坚。为突出对连片特困地区的重点扶持，《纲要》明确中央和地方财政逐步增加扶贫开发投入，且中央财政专项扶贫资金的新增部分主要用于连片特困地区。地方各级财政要完善省以下财政转移支付机制和财政专项扶贫资金分配办法，坚持连片特困地区的主战场地位，统筹上级转移支付和本级财政预算安排的扶贫资金，对连片特困地区给予重点扶持。同时，要做好连片特困地区以外重点县和贫困村的扶贫工作，原定重点县支持政策不变。在保障对重点县的支持政策落实到位的同时，各省份要根据实际情况对重点县进行调整，实现重点县数量逐步减少。

（二）重点方向。近年来，党中央、国务院出台了多项强农惠农政策措施，财政不断加大对贫困地区经济社会发展的支持力度，对贫困地区教育、卫生、社会保障等社会事业投入和基础设施建设投资持续增加，为财政专项扶贫资金突出重点，支持解决扶贫开发中的关键问题创造了条件。《纲要》明确要求，财政专项扶贫资金集中用于培育特色优势产业，提高扶贫对象发展能力。因此，各地在编制地方扶贫开发规划，确定财政专项扶贫资金使用用途时，要坚持围绕上述重点支持方向，原则上不再将改善教育和卫生条件、提升社会保障水平等有专门投入渠道的社会事业列为财政专项扶贫资金的重点支持方向。

（三）重点环节。《纲要》着眼提升专项扶贫的成效，强调支持特色优势产业发展时，要充分发挥贫困地区的生态优势和资源优势，推广先进适用技术，促进产业结构调整，提升组织化程度等；强调通过培育贫困群众自我发展能力，促进农村贫困家庭稳定脱贫。为促进更好地提升财政专项扶贫资金使用效益，财政专项扶贫资金的使用必须瞄准关键环节。如，支持建设与扶贫对象生产生活密切相关的小型基础设施，帮助改善生产生活条件；通过财政补助等方式，促使贫困农户使用农业优良品种、采用先进实用农业生产技术；通过贷款贴息、互助资金等措施，解决扶贫对象生产资金不足等瓶颈制约问题。

二、创新财政扶贫资金管理使用机制

（一）进一步瞄准扶贫开发对象，提升财政专项扶贫资金使用效益。《纲要》提出明确要求，把扶贫标准以下具备劳动能力的农村人口作为扶贫工作主要对象，且要求建立健全扶贫对象识别机制。同时，《纲要》要求，要创新财政专项扶贫资金到户扶持机制，采取多种方式，使扶贫对象得到直接有效扶持。为此，新修订的《管理办法》贯彻落实《纲要》的要求，明确财政专项扶贫资金使用范围必须遵循如下基本方向，如支持扶贫对象参与当地特色优势产业发展而受益，支持旨在改善扶贫对象生产生活条件的小型基础设施建设，支持提高扶贫对象就业和生产能力，缓解扶贫对象生产性资金短缺等困难。此外，《管理办法》对扶贫对象作了明确界定，扶贫对象是指根据中央扶贫标准、地方扶贫标准识别认定的农村贫困家庭、贫困人口。

（二）完善利益联接机制，帮助贫困群众通过扶贫项目切实受益。除直接扶持到户资金外，通过间接方式带动贫困农户增收的项目，要建立健全利益联接机制。使用财政专项扶贫资金建设的基础设施建设项目，要确保扶贫对象优先受益。利用财政扶贫资金支持贫困地区优势特色产业发展，必须建立健全辐射带动贫困农户的机制，让贫困群众真正受益于特色优势产业的发展。获得扶贫贷款贴息支持的企业，农民合作组织要切实承担起减贫责任，向贫困群众传授先进技术，帮助困难群众扩大就业和积极应对市场风险，切实促进贫困群众增收。

（三）加大资金整合力度，统筹各类投入支持贫困地区加快发展。《纲要》明确阐释了专项扶贫、行业扶贫和社会扶贫作为新阶段扶贫开发的三大支撑。其中，明确了行业部门支持贫困地区各项事业发展的责任，包括支持贫困地区发展特色产业、开展科技扶贫、完善基础设施、发展教育文化事业、改善公共卫生和人口服务管理、完善社会保障制度、加强能源和生态环境建设等。考虑到行业部门的投入绝大多数是政府性投入，部分通过财政预算安排转移支付和发放补助资金等方式给予支持。为避免财政资金的使用分散，必须要加强财政投入的整合，确保项目安排科学合理、统筹衔接，同时形成财政支持贫困地区经济社会发展的合力。财政专项扶贫资金作为用于农村贫困地区、贫困群众的专门投入，要在资金统筹与整合的过程中发挥重要引导作用，成为促进资金整合的粘合剂。此外，要积极引导社会资本投入农村扶贫开发事业，进一步提升扶贫开发投入水平。

（四）进一步完善财政扶贫资金绩效评价机制，提升绩效评价的激励作用。为引导督促各省更好地贯彻落实扶贫任务和责任，从2007年起，中央财政与国务院扶贫办在全国范围内开展了财政专项扶贫资金绩效评价工作，以鼓励先进、鞭策后进，引导地方加强财政专项扶贫资金管理。2008年，中央财政专门从财政专项扶贫资金中安排部分资金对在绩效评价中获得突出成绩的省份给予奖励，奖励资金的额度逐年递增。绩效评价工作的开展，对促进各地提升资金使用管理水平，加强和规范扶贫资金管理使用，切实落实扶贫开发责任发挥了积极作用。为此，《纲要》明确要求继续开展绩效考评。新修订的《管理办法》明确财政专项扶贫资金使用管理实行绩效评价制度，并将绩效评价结果作为分配财政专项扶贫资金的参考依据。下一步，将完善绩效评价机制，科学设置考评因素和权重，提升考评工作的科学化水平，并适当加大奖励引导力度。同时，各地要推广借鉴绩效评价经验，针对本省的扶贫资金使用管理情况开展考评，促进提升各个层次的管理工作水平。

三、加强财政专项扶贫资金的监管

财政专项扶贫资金监管既是财政扶贫开发的日常工作、基础性工作,也是提高资金使用效益,关系到减贫成效的重要环节。近年来,财政部会同国务院扶贫办等多个部门为促进加强财政专项扶贫资金监管,探索建立了许多有效的机制,采取了多种措施,取得了不错的成效。但对资金监管工作的重视在任何时候都不能放松,强化财政扶贫资金监管的决心在任何时候都不能动摇。《纲要》对加强资金监管作了进一步的强调和要求,新修订的《管理办法》也提出了一些新的要求。

(一)加强财政专项扶贫资金使用计划管理。扶贫开发坚持"省负总责"的基本原则,财政专项扶贫资金大部分采取切块下达的方式拨付相关省份,由各省根据当地实际情况统筹用于本地的扶贫开发工作。这一管理模式有效的调动了地方的积极性,也对加强财政使用监管提出了更高的要求。为此,新修订的《管理办法》明确提出实行财政专项扶贫资金使用计划管理。在中央下达财政专项扶贫资金后的规定时限内,各省(自治区、直辖市)扶贫、民委、林业、农垦等部门要根据国家、省扶贫开发政策和财政部的有关要求,报送资金使用计划。资金使用计划作为资金审计、监督检查和绩效评价等工作的参考依据,使监管工作有了明确依据。同时,也有利于促进地方加快财政扶贫项目的前期工作,确保资金按照有关管理办法的要求规范使用。

(二)严格执行财政专项扶贫资金专账管理,实行报账制和公开公示制度。《纲要》明确规定，加强扶贫资金使用管理，全面推行扶贫资金项目公告公示制度。新修订的《管理办法》也规定财政专项扶贫资金实行报账制管理，分账核算。贯彻落实《纲要》精神和《管理办法》的要求，要严格执行财政专项扶贫资金分账核算的有关要求，做到支出科学、账目清楚、检查到位。要按照国务院扶贫开发领导小组《全面推行扶贫资金项目公告公示制的通知》要求，将有关扶贫项目在通过媒体、公告栏等有效载体进行公示，增强财政专项扶贫资金和有关项目的透明度，确保资金使用、项目安排公正、公平、规范。

（三）强化对财政专项扶贫资金使用管理的监督检查。财政专项扶贫资金作为重要的民生支出，历来是资金监督检查的重点。为进一步做好资金使用管理的监督检查，确保资金的使用安全和效益，需要继续坚持对管理工作的高度重视，不断壮大监管力量，完善监管机制，强化监督检查。一是相关部门要密切配合，合力开展资金监管。要财政、扶贫、发展改革、民委、农垦、残联等部门既要明确各自的职责，又要密切配合，确保财政扶贫资金切实落实到项目，项目资金使用符合资金管理要求，项目建设符合规划目标和预期成效。二是要积极配合审计等部门的监督检查，借助专业监管力量。各地各部门要积极配合审计等监督部门，针对财政专项扶贫资金经常性开展专项检查。依托专业的监管力量，及时发现使用管理中存在的问题，通过整改促进提升管理水平。三是调动广大群众的积极性，强化群众监督机制。要积极推广参与式扶贫等先进经验，引导贫困群众参与扶贫规划编制、扶贫项目筛选、实施、检查和验收的全过程，最大程度地发挥群众监督的作用。

加强扶贫统计与贫困监测

扶贫统计与贫困监测是一项具有基础性、导向性和综合性的工作。《中国农村扶贫开发纲要（2011—2020年）》第四十六条提出："建立扶贫开发信息系统，开展对连片特困地区的贫困监测。进一步完善扶贫开发统计与贫困监测制度，不断规范相关信息的采集、整理、反馈和发布工作，更加及时客观反映贫困状况、变化趋势和扶贫开发工作成效，为科学决策提供依据。"

一、扶贫统计与贫困监测实施情况

多年来，各级扶贫部门坚持围绕中心，服务大局，认真组织开展各项统计监测工作，为促进扶贫开发事业健康发展发挥了积极作用。

（一）扶贫标准的研究工作

制定扶贫标准是识别贫困人口、确定贫困规模、测算贫困程度和评估减贫成效的重要环节，在国家扶贫开发战略体系当中占据着十分重要的地位。根据党的十七大和十七届五中全会逐步提高扶贫标准的精神，2007年国务院扶贫办会同国家统计局等有关部门将原来的低收入标准确定为新的扶贫标准。2011年，中共中央、国务院颁布实施《中国农村扶贫开发纲要（2011—2020年）》，揭开了新一轮扶贫开发攻坚战的序幕，确定了"两不愁、三保障、一高于、一接近"的总体目标和12项具体任务。为明确扶贫工作对象，深入贯彻落实《中国农村扶贫开发纲要（2011—2020年）》，国务院扶贫办会同有关部门进行调查研究，组织展开了新时期扶贫标准的研究工作。

（二）农村贫困监测工作

为深入掌握贫困地区基本情况、发展状况、文化、教育、卫生和社会保障情况以及扶贫成效，了解贫困农户的生产、收入、消费等情况，研究贫困农户收入和生活质量变化，监测贫困地区农民摆脱贫困的进程，反映扶贫开发工作成效，为各部门制定政策提供科学依据，统计部门开展了全国贫困地区农村住户调查工作。《中国农村扶贫开发纲要（2011—2020年）》颁布实施后，国家统计局开始调整新时期农村贫困监测工作方案。

（三）贫困农户建档立卡

根据党的十七届三中全会关于"实现农村最低生活保障制度和扶贫开发政策有效衔接"的要求，2009年国务院扶贫办会同民政部、国家统计局、财政部、中国残联五部门，在11个省20个县开展了两项制度有效衔接试点工作。截至目前，试点扩大到26个省（区、市）989个试点县，全国571个县完成了3477万贫困农民的建档立卡工作。

（四）减贫形势分析

为了分析判断当年的减贫形势，为每年12月份召开的国务院扶贫开发领导小组全体会议提供相关资料，国务院扶贫办自2010年开始开展了减贫形势分析工作，并邀请相关专家学者，组织召开减贫形势分析座谈，对每年的减贫进程做出评估判断。

二、加强扶贫统计与贫困监测的必要性

扶贫统计与贫困监测则是综合反映贫困地区人口规模、结构、收入状况和变化趋势的基础性工作，其重要性主要体现在以下三个方面：

（一）是各级领导和有关部门宏观决策的需要

扶贫开发，事关巩固党的执政基础，事关国家长治久安，事关社会主义现代化大局。这是建设中国特色社会主义的重要任务，是全面建设小康社会、构建和谐社会的迫切需要。为使这项工作真正落到实处，通过建立系统的扶贫统计监测体系，科学开展扶贫统计工作，不仅可以全面、准确、及时反映贫困地区发展现状和变化趋势，摸清家底，还可以通过统计数据的分析，把握工作进度，了解扶贫开发工作取得的成绩和存在问题，为各级领导和有关部门决策提供科学依据。

（二）是引导各方力量参与扶贫，推动"大扶贫"格局的需要

新时期的扶贫开发工作已从过去仅靠专项扶贫转向专项扶

贫、行业扶贫和社会扶贫共同构成的"大扶贫"格局。由于部门不同、行业不同，分工不同，承担的扶贫任务也不同。如何加强配合，最大限度地整合资源，形成合力，打好扶贫攻坚战，是一项系统工程，扶贫统计和贫困监测是其信息保障子系统，发挥着重要作用。

（三）是瞄准扶贫对象，实行有效帮扶措施的需要

打枪要瞄靶子，扶贫要找对象。贫困户的致贫原因千差万别，帮扶措施不能千篇一律。统计监测好比导航定位系统，帮助识别瞄准扶贫对象和贫困问题，有针对性地开展扶持工作。自两项制度有效衔接试点工作开展以来，扶贫部门已逐步建立起贫困农户数据库。2011年雨露计划试点工作已明确将建档立卡农户作为扶持对象。江西、湖南、河南和陕西等省已经开始借助建档立卡的结果安排资金和试点项目，针对扶贫对象的不同需求，实施差异化扶持。

三、完善扶贫统计与贫困监测制度

为了认真落实《中国农村扶贫开发纲要（2011—2020年）》提出的新的工作目标和任务，国务院扶贫办自2011年初开始着手推进新时期扶贫统计与贫困监测工作。主要包括以下几方面内容：

（一）进一步完善和调整扶贫统计监测体系

一是要完善扶贫统计监测体系。新时期要建立扶贫系统自

己的统计调查监测体系,通过对全国所有使用财政扶贫资金的贫困地区,尤其是对集中连片特殊困难地区、整村推进的贫困村进行重点监测和评估,加强对农民实现小康和脱贫致富进程进行监测和评估。二是完善扶贫统计监测指标。按照《中国农村扶贫开发纲要(2011—2020年)》的要求,全面系统地修改和完善扶贫统计监测指标,国务院扶贫办已组织专家进行研讨,并开展了实地调研,对统计监测指标体系进行修改和完善。三是建立健全扶贫统计监测制度,研究出台《加强新时期扶贫统计监测工作的指导意见》,并完善统计报表下发和数据上报制度,确定填表范围,全面反映扶贫开发项目的实施效果。

(二)加强组织领导

要敦促各级扶贫办把统计监测作为一项重要基础工作,安排一位副主任具体抓,"一把手"要亲自抓。要定期听取统计监测工作情况汇报,切实解决好工作中遇到的实际困难和问题。要建立专门的统计监测机构,并配备统计监测专职人员,确保统计监测工作的顺利开展。

(三)加强队伍建设

专业的队伍对扶贫统计监测工作至关重要,是及时上报数据和提高数据质量的有力保障。目前扶贫部门还缺乏一支专业团队,新时期各级扶贫办要加快队伍建设,设立"专人专岗"从事统计工作,挑选业务素质高、责任心强、工作积极主动、具有吃苦奉献精神的同志到统计监测分析岗位工作。建立合理的用人机制,切实保障统计监测工作人员能够留得下、呆得住、用得上。

（四）加强业务培训

根据新时期扶贫统计监测内容，建立与高校、培训机构的合作机制，举办有针对性的扶贫统计监测业务培训班，对各级扶贫办的业务人员进行培训，提高统计监测工作人员的统计理论知识和数据分析能力。定期组织跨省检查、学习和交流活动，多途径、多形式提高统计监测人员的数据调查和分析能力。

（五）提供资金保障

进一步加大投入，切实保障统计监测工作必需的经费。各级扶贫部门要加强与财政部门的沟通协调，进一步完善统计监测经费保障制度，加强统计监测工作的软、硬件建设，及时配备符合统计工作要求、符合保密规定的软件产品和硬件设备，并解决数据采集所需经费。

（六）抓好督促检查

各省（区、市）扶贫办要层层落实责任，按时完成扶贫统计监测的目标任务。建立跟踪督办制度，定期对任务落实情况进行督查，发现问题及时解决。实行日常考核与年终考核相结合的原则，将统计监测工作纳入综合考核的重要指标之一，运用绩效考核、表彰奖励、信息交流、开展活动等多种手段，调动基层统计人员的工作积极性和主动性。

加强扶贫法制化建设

加强扶贫立法,是社会主义法制体系建设的重要内容之一,是规范扶贫开发工作,使扶贫开发工作有法可依的重要标志。《中国农村扶贫开发纲要(2011—2020年)》第四十七条提出"加快扶贫立法,使扶贫工作尽快走上法制化轨道。"

一、扶贫立法具有重大意义

党的十七大对全面建设小康社会进程中的民主法制建设提出明确要求:依法治国是社会主义民主政治的基本要求。要坚持科学立法、民主立法,完善中国特色社会主义法律体系。这个法律体系的一个重要组成部分就是,要求尊重和保障人权,依法保证全体社会成员平等参与、平等发展的权利。扶贫开发立法对于提高贫困地区、贫困人口的自我发展能力,促进贫困人口公平参与发展过程,共同享受发展成果,将起到重要的推动作用。

2008年以来的全球金融危机,促使我们对发展方式做出全面的回顾和反思,提出加快经济发展方式转变的新任务。胡锦涛总书记在今年2月中央党校省部级主要领导干部专题研讨班的讲话中明确要求，加快调整国民收入分配结构，着力提高低收入者收入；加快调整城乡结构，实施统筹城乡发展的方针政策；加快调整区域经济结构和国土开发空间结构，加大对革命老区、民族地区、边疆地区和贫困地区的支持力度；加快社会保障体系建设，继续搞好扶贫开发工作。这是科学发展观的具体体现，需要以立法的形式实现规范化、制度化。

从一般意义说，市场经济是法制经济。在法律诸多功能与作用中，对于在市场中处于不利地位的弱势群体和落后地区，需要有专门的法律法规给予保护。我国先后制定了针对少数民族、妇女和儿童、残疾人、老年人等保障性法律，但是缺少针对贫困地区、贫困人口的保护和支持法律法规。目前，虽然在一些法律中，部分条文涉及到贫困地区和贫困人口，但是比较分散。可以说，扶贫开发是我国法律法规方面的一个空白。因此，扶贫立法工作将成为国家完善法律体系的一个重要组成部分。

二、扶贫立法的条件基本成熟

党中央、国务院高度重视扶贫开发工作，多次下发重要文件，制定了一系列方针政策，促进了贫困地区经济社会发展、农村居民生存和温饱问题的基本解决，积累了不少好的经验和做法，为扶贫立法提供了条件。全国一些省市相继颁布了扶贫开发条例，收到了良好效果，同时一些人大代表和政协委员也在全国两会提出建议和议案，呼吁开展扶贫立法。扶贫立法的条件已基本具备。

（一）扶贫开发的基本经验为扶贫立法奠定了基础

改革开放以来，国家不断加大扶贫投入和工作力度，不断完善解决贫困人口温饱的制度保障，不断激发贫困地区发展的内在活力，不断凝聚社会各界参与减贫事业的强大合力。我国扶贫开发成效显著、成就辉煌，农村居民生存和温饱问题基本解决，贫困地区面貌发生巨大变化。这不仅成为经济社会发展中的突出亮点，为我国政治稳定、民族团结、边疆巩固、社会和谐发挥了重要作用，而且率先实现联合国千年发展目标关于贫困人口减半的指标，为全球减贫事业做出了重大贡献。扶贫开发探索的成功经验，是中国特色扶贫开发道路的重要组成部分。在全面建设小康社会奋斗进程中，这些基本经验仍将发挥重要作用，为扶贫法制建设奠定了基础。

（二）党中央、国务院及国家相关部门出台的规范性文件为扶贫立法提供了准备

20世纪80年代中期到2010年，中共中央、国务院专门就扶贫问题发了6个文件（不包括中办、国办文件），其中中共中央、国务院联合印发的文件有3个，即《中共中央、国务院关于帮助贫困地区尽快改变面貌的通知》（中发〔1984〕19号）、《中共中央、国务院关于尽快解决农村贫困人口温饱问题的决定》（中发〔1996〕12号）、《中共中央、国务院关于进一步加强扶贫开发工作的决定》（中发〔1999〕10号）；国务院印发的文件有3个，即《国务院关于加强贫困地区经济开发工作的通知》（国发〔1987〕95号）、《国务院关于印发〈国家八

七扶贫攻坚计划〉的通知》（国发［1994］30号）、《国务院关于印发〈中国农村扶贫开发纲要（2001—2010年）〉的通知》（国发［2001］23号）。这些文件明确了扶贫开发的重要意义、奋斗目标、基本方针、对象与重点、内容与途径、政策保障、部门任务、社会动员、国际合作、领导责任等。此外，在扶贫资金管理、扶贫项目管理、机关定点扶贫和东西扶贫协作等方面，也有专门的规范性文件。有关部门也制定了与贫困地区、贫困人口相关的政策文件。

（三）部分省市制定扶贫开发条例为扶贫立法探索了直接经验

在扶贫开发过程中，一些省区市先后出台了相关的工作条例，如《湖北省农村扶贫条例》、《黑龙江省农村扶贫开发条例》、《重庆市农村扶贫条例》、《广西壮族自治区扶贫开发条例》。通过扶贫开发立法，这些省区依法扶贫意识明显增强，扶贫开发力度明显加大，行为明显规范，效果明显提升。还有一些省份（如广东、陕西、甘肃）也开始对扶贫工作进行立法调研，拟出台地方性法规以规范省内扶贫开发工作。

（四）扶贫立法前期准备工作已近取得初步成果

国务院扶贫办在有关部门的大力支持下，从2009年开始启动了扶贫立法前期工作，到目前为止，已制定了扶贫立法工作方案，开展了扶贫立法前期调研，进行了扶贫立法研究并完成了相关报告，在此基础上，委托中国农业大学农业与农村法制研究中心在深入研究的基础上，代拟了《中国农村扶贫开发法

（草稿）》。可以预见在未来10年，我国的扶贫立法一定能够取得实质性进展。

三、扶贫立法的基本框架

农村扶贫开发法律应包括以下内容：

（一）总则。主要包括立法目的、适用范围、方针与原则、主要措施等内容。

（二）扶贫开发对象。主要包括扶贫标准、扶贫对象、重点倾斜等内容。

（三）扶贫开发规划。主要包括编制主体、规划内容、规划地位、实施主体、编制扶贫计划、部门协作等内容。

（四）扶贫投入。主要包括资金来源、资金用途、使用方式、资金监管等内容。

（五）扶贫开发项目管理。主要包括基本原则与方法、项目设置、项目申报、组织论证、项目审批、项目实施、检查监测、项目验收、项目管护等内容。

（六）专项扶贫。主要包括易地扶贫搬迁、整村推进、以工代赈、产业扶贫、就业促进、革命老区建设等内容。

（七）行业扶贫。主要包括行业部门职责、发展特色产业、科技扶贫、基础设施建设、发展教育文化事业、改善公共卫生和人口服务管理、完善社会保障制度、能源和生态环境建设等内容。

（八）社会扶贫。定点扶贫、东西部扶贫协作、企业和社会各界参与扶贫、国际合作等内容。

此外还应该包括执法监督、法律责任等内容。